기독교
사용 설명서
8

교회예식

세움북스 는 기독교 가치관으로 교회와 성도를 건강하게 세우는 바른 책을 만들어 갑니다.

기독교 사용 설명서 8

교회예식

초판 1쇄 인쇄 2021년 12월 25일
초판 1쇄 발행 2021년 12월 30일

지은이 | 안재경
펴낸이 | 강인구
펴낸곳 | 세움북스

등 록 | 제2014-000144호
주 소 | 서울시 서대문구 연희로 160 연희회관 3층 302호
전 화 | 02-3144-3500
팩 스 | 02-6008-5712
이메일 | cdgn@daum.net

교 정 | 오현정
디자인 | 참디자인

ISBN 979-11-91715-28-6 (03230)
 SET 979-11-91715-20-0 (03230)

기독교
사용 설명서

8

교회예식

안재경
지음

세움북스

목차

독일의 개혁자 마틴 루터가 비텐베르크 성곽교회 문에 면벌부를 반박하는 95개조 대자보를 내 붙인 지 500년을 훌쩍 지나 몇 년이 더 흘러가고 있습니다. 종교개혁은 제도적인 개혁, 도덕적인 개혁에 불과한 것이 아니었습니다. 종교개혁은 예배의 개혁이면서 동시에 교리와 삶의 총체적인 개혁이었습니다. 이 종교개혁이 거대한 로마교회체제와 성도들의 신앙생활을 흔들어 놓았습니다. 하나님을 참되게 예배하기 시작하면서 교인들은 두려움이 아니라 기쁨과 감사 가운데 살아가기 시작했습니다. 그 개혁의 불꽃이 교회만이 아니라 유럽 사회 전체를 새롭게 했습니다. 과연 우리 한국개신교회는 개혁의 그 아름다운 모습을 얼마나 누리고 있을까요?

종교개혁 500주년을 맞아 종교개혁이 교회의 몇몇 악습을 제거한 것이 아니라 총체적인 개혁이었음을 드러내기 위해『종교개혁자들과의 대화』(SFC출판부) 12권 시리즈를 발간한 바 있습니다. 그 시리즈를 통해 종교개혁이 예배, 교회, 역사, 교육, 가정, 정치, 경제, 문화, 학문, 교리, 과학, 선교를 어떻게 변화시켰는지 살펴 보았습니다. 우리 청소년들이 어떤 영역에서 일하든 하나님의 사람으로 살아갈 수 있다는 것을 보여주려고 했습니다. 이 종교개혁 500주년의 후속 작업이 바로 본 시리즈『기독교 사용 설명서』입니다. 본 시리즈는 우리 기독교의 근본을 재확인하고, 다시금 개혁의 정신을 되살려 오직 하나님의 영광을 위해 살아가고자 하는 마음으로 기획했습니다.

본 시리즈에서는 기독교를 총 4부로 나누어서 설명합니다. 제1부는 종교개혁, 교회정치, 교회직분입니다. 우리는 종교개혁의 역사를 통해 교회정치와 직분이 어떻게 새로워졌는지를 잘 알아야 합니다. 제2부는 사도신경, 십계명, 주기도문입니다. 개혁자들은 교리문답을 만들었는데 그 교리문답들의 대부분은 이 세 가지를 해설하면서 기독교신앙의 요체를 드러내었습니다. 사도신경은 우리가 믿고 있는 삼위일체 하나님을 고백하는 것이고, 십계명과 주기도문은 우리가 어떻게 감사의 삶을 살아야 하는지를 잘 보여주고 있습니다. 제3부는 공예배, 교회예식, 교회력입니다. 교회는 예배를 위해 부름받았고, 각종 예식을 통해 풍성함을 누리고 교회력을 통해 이 세상에서 그리스도를 누리면서 새로운 시간을 살아갑니다. 마지막 제4부는 혼인, 가정예배, 신자의 생활입니다. 우리는 하나님이 처음부터 제정하신 제도인 혼인을 통해 언약가정을 이루고 가정에서 예배하면서 기독교인으로서 이 세상을 살아갑니다.

그동안 덮어놓고 믿었던 것이 교회의 쇠퇴와 신앙의 배도에까지 이르고 있습니다. 코로나시대에 함께 모여 예배하고 교제하는 것이 힘들어졌지만 기독교신앙에 대해 치열하게 학습할 수 있는 절호의 기회입니다. 우리가 무엇을 믿는지, 어떻게 살아야 하는지 근본에서부터 잘 학습해야 하겠습니다. 각 세 권씩으로 구성된 총 4부의 『기독교 사용 설명서』를 통해 우리 기독교와 교회의 자태를 확인하고 누릴 수 있기를 바랍니다. 12권 시리즈로 기획했기에 매월 한 권씩 함께 읽으면서 공부하고 토론하기에 좋을 것입니다. 기존 신자들 뿐만 아니라 자라나는 우리 청소년과 청년들이 이 시리즈를 통해 기독교의 요체를 확인하고 믿음의 사람들로 든든히 서서 교회를 잘 세우면서 이 세상에서 담대하게 살아갈 수 있기를 바랍니다. 교회를 세우기 위해 가르치면서 해당 주제를 잘 집필해 주신 집필자들의 수고에 감사를 드리고, 이 시리즈 기획을 흔쾌히 받아 출간하는 세움북스 강인구 대표께 진심으로 감사를 드립니다.

2021년 11월
개혁교회건설연구소

교회의 예식은 질서와 품위가 있어야 한다

로마가톨릭과 개신교회의 차이점이 무엇일까요? 많은 이들은 로마가톨릭을 생각하면 성당의 화려함이 머릿속에 떠오를 것입니다. 스테인드글라스며 성당 안에 있는 온갖 성화와 성상 등을 머릿속에 떠올릴 것입니다. 건물의 외양만이 아니라 로마가톨릭은 예식이 장중하다고 생각합니다. 미사에 참여해 보면 잘 느낄 수 있습니다. 동영상으로 미사하는 장면을 지켜보면 한편으로는 너무 지루하게 느껴지지만 많은 이들은 기독교회가 예배하거나 집회하는 모습을 떠올리면서 분명히 다르다는 느낌을 받을 수밖에 없습니다. 요즘 전 세계적으로 많은 젊은이들이 활기찬 것을 좋아하면서도 로마가톨릭의 예식, 즉 미사에 흠뻑 빠져들어간다고 합니다. 왠지 모르게 신비하고 경건한 느낌을 받는다고 합니다. 이것과 달리 개신교회의 예배 모습은 너무나 단순하고 심지어 경박하게 보이기까지 할 것입니다.

개신교회는 예식을 하나의 의식, 즉 형식적인 것에 불과하다고 생각하는 경향이 강합니다. 예수님이 하신 말씀, 예배는 신령과 진정으로 해야 한다(요 4:23)는 말씀이 머릿속에 맴돕니다. '영과 진리로 예배해야 한다'로 바뀌어 번역되었음에도 불구하고 여전히 예배함에 있어 신령과 진정, 즉 지극정성이 무엇보다 중요한다고 생각합니다. 우리는 영과 진리, 즉 '진리의 영'으로 예배해야 한다는 것을 간과하고 있습니다. 성령께서 진리의 영으로 역사하시면서 그리스도를 드러내어 주시는 것에 우리의 예배가 달렸다는 것을 간과합니다. 형식은 중요한 것이 아니라 우리가 정성만 들이면 어떤 예배든지 하나님께서 받아주신다고 생각합니다. 형식에 치우칠수록 예배의 본질인 영적인 예배로부터 거리가 멀어진다고 생각합니다. 정성이 중요하다고 말하는 것은 기독교적인 것이 아니라 종교 보편적인 것입니다.

예배와 예식이 어떠해야 하느냐를 가장 분명하게 드러내는 말씀이 바로 '모든 것을 품위있게 하고 질서있게 하라'(고전 14:40)는 말씀입니다. '하나님은 무질서의 하나님이 아니시요, 오직 화평의 하나님'(고전 14:33)이시기 때문입니다. 이 말씀은 고린도교회에 은사가 풍성했지만 그 풍성한 은사가 도리어 무질서를 낳았기 때문에 사도가 강조하면서 한 말씀입니다. 이 품위, 질서가 예배와 예식에 고스란히 드러나야 합니다. 예배하는 회중이나 심지어 믿지 않는 이들이 예식에 참여했을 때에도 하나님이 화평과 질서의 하나님이라는 것을 보고 확인할 수 있어야 합니다. 예배와 예식은 그냥 하나의 형식에 불과한 것이 아니라는 말입니다. 복음은 우리의 삶 전체를 조화와 질서, 그리고 은혜와 화평 가운데로 이끄십니다. 이 복음의 정신이 바로 예배와 예식에 구현되어야 합니다. 예배와 예식은 우리의 감정에 도취되어서 하는 것이 아니라, 하나님께서 베푸신 생명과 화평을 가장 아름다운 방식으로 표현하고 누리는 것입니다.

종교개혁은 중세교회의 번잡함을 버리고 예배를 포함한 각종 예식을 단순하면서도 아름답게 만들었습니다. 종교개혁은 예전, 즉 예배를 포함한 각종 예식을 통해 복음을 분명하게 드러내었습니다. 종교개혁은 예식을 통해서도 기독교의 복음이 무엇인지를 분명하게 드러내었습니다. 우리는 복음과 복음이신 그리스도를 예배와 예식에 어떻게 잘 담을

지를 고민해야 합니다. 기독교는 예배를 포함한 각종 예식을 통해 구체적으로 그 정체성이 드러납니다. 교회는 예배를 통해 분명하게 형성되고, 신자인 우리는 예식을 통해 아름답게 세워집니다.

이 책에서는 신자, 직분자, 교회 삼자에 관한 예식을 담았습니다. 1장에서 성례, 즉 세례와 성찬을 다루고, 2장에서는 임직식과 은퇴식을 다룹니다. 3장에서는 교회설립과 예배당에 관한 예식을 다루고, 4장에서는 신자의 회원 됨(시벌과 해벌 포함)과 관련된 예식들을 다룹니다. 마지막 5장에서는 신자의 삶에서 너무나 중요한 혼인과 장례를 다룹니다. 이 모든 예식들은 성경, 웨스트민스터 표준문서들 그리고 고신헌법(예배지침과 교회정치, 권징조례)에 근거하여 해설하였습니다. 이 모든 예식들을 통해 교회의 모습이 더 단정해질 뿐만 아니라 우리의 신앙도 더 아름답게 세워지기를 바랍니다.

기독교 사용 설명서 8 │ 교회예식

제1장
세례와 성찬

제1장
세례와 성찬

교회에 있어서 제일 중요한 예식이 바로 세례와 성찬입니다. 이 예식은 공예배에서 베풀어져야 합니다. 로마가톨릭은 아직도 7성례를 주장하지만 우리 개신교회는 2성례, 즉 세례와 성찬 두 가지만 성례라고 주장합니다. 그리스도께서 친히 제정하신 성례는 세례와 성찬뿐이라고 믿기 때문입니다. 왜 성례(세례와 성찬)가 중요할까요? 있어도 되고 없어도 크게 문제되지 않는 것이 아닐까요? 쉽게 말하자면 예배에서 설교만 좋으면 되는 것이 아닐까요? 예수님을 믿겠다고 하는 사람이 있으면 그냥 구원받았다고 선포하면 되고, 성찬식은 설교만 좋으면 거의 필요 없는 것이 아닐까요? 우리가 예배 잘하고 있고, 예배에 은혜로운 설교만 있으면 되지 번거롭게 세례와 성찬 같은 것을 왜 하냐고 말하는 이들이 있습니다. 과연 그럴까요?

우리 기독교는 공로 종교가 아니라 은혜의 종교입니다. 이단을 포함하여 모든 종교는 다 공로종교입니다. 정통 기독교만이 은혜종교입니다. 이 은혜를 믿는다는 것이 쉽지 않습니다. 쉽게 말하자면 은혜는 선물입니다. 공짜입니다. 사람들이 공짜를 좋아하는데 왜 은혜를 믿지 못할까요? 자신의 공로를 주장하기 때문입니다. 사람이 노력하고 수고해서 자기 공로를 주장하여 구원을 얻는 것이 아니라 선물로, 공짜로 구원을 누립니다. 그러면 '놀고 먹으려는 것인가? 은혜가 누구에게나 주어진다면 복불복인가?'라고 질문할 수 있습니다. 그렇지 않습니다. '은혜의 방편'이 있기 때문입니다. 은혜는 벼락 치듯이 무작위로 이곳저곳에 떨어지는 것이 아니라 방편을 통해서 임합니다. 그 은혜의 방편이 바로 '말씀과 성례'입니다. 쉽게 말하자면 말씀과 성례가 없으면 우리는 은혜를 받을 수 없습니다.

말씀이 선포되고 성례가 베풀어지는 자리에 있어야 은혜를 받을 수 있습니다. 말씀과 성례는 그리스도를 가리키기에 그리스도가 없으면 은혜가 임할 수 없고, 구원도 받을 수 없습니다. 은혜는 하늘에서 그냥 뚝 떨어지는 것이 아니라 말씀과 성례를 통해서 베풀어집니다. 말씀과 더불어 성례가 베풀어져야 하나님의 은혜가 임합니다. 예배 중의 말씀은 '설교'이기에 설교와 함께 '성례'가 예배 시에 베풀어져야 합니다. 성례는 말씀을 눈에 보이게 나타내어 주는 것입니다. 말씀은 보이지 않지만 성례는 말씀을 보여주는 것입니다. 복음의 약속을 보여주는 것입니다. 성례가 없으면 말씀이 구체적으로 드러나지 않고, 은혜도 누릴 수 없습니다.

굳이 나눈다면 로마가톨릭의 예배는 보여주는 예배이고, 개신교회의 예배는 들려주는 예배라고 말할 수 있습니다. 그렇다고 개신교회에는 들리는 것만 있는 것이 아닙니다. 하나님께서 우리에게 보여주시고 느끼게 해 주시는 것이 성례입니다. 그리스도께서 친히 제정하신 세례와 성찬을 통해 신자는 하나님의 백성이 되고 그리스도를 먹고 마시면서 하나님 나라를 향해 갑니다. 세례는 신자의 출생이요, 성찬은 신자의 양식입니다. 예배 때 베풀어지는 세례와 성찬이야말로 말씀을 보여주는 것입니다. 세례와 성찬을 통해 신자는 하나님의 백성이라는 분명한 표를 받고 인을 치게 됩니다. 교회에서 세례와 성찬이 끊임없이 베풀어져야 합니다. 성례가 제대로 시행되는 교회가 살아있는 교회요, 참교회이자 성장하는 교회입니다.

세례-세례는 그리스도와 함께 죽고 사는 예식이다

유아세례식, 언약에 근거하여 신자의 자녀에게 베푼다

유아세례식의 의의

유아세례식이 지금까지 논쟁거리입니다. 유아가 아무것도 고백할 수 없는데 어떻게 세례를 베풀 수 있느냐고 말하는 이들이 많습니다. 장로교회 안에서도 이런 말을 하는 이들이 종종 있습니다. 세례의 근거를 오직 믿음의 고백에 둔다면 유아세례는 미신적인 예식에 불과할 것입니다. 세례받는 유아의 부모가 대신하여 고백한다고 하더라도 마찬가지입니다. 과연 유아세례의 근거는 무엇일까요? 우리는 언약에 근거하여 유아세례를 베풉니다. 하나님께서 아브라함과 더불어 언약을 체결하시고 아브라함에게 속한 모든 사내아이들은 태어난 지 8일 만에 할례를 받으라고 하셨습니다 (창 17:10, 12). 사내아이 성기의 표피를 잘라내는 이 할례가 바로 언약의 표징이었습니다. 고대 근동에서 성인예식이었던 할례가 이스라엘 자손들에게는 태어난 지 8일 만에 베푸는 예식이 되었습니다. 이것은 하나님께서 생명의 근원이라는 것을 고백하는 예식이었습니다.

언약의 표징인 할례가 신약시대에는 세례로 바뀌었습니다. 예수님은 생전에 어린아이들을 축복하셨고(마 19:14), 사도들은 복음을 전하여 예수님을 믿으면 아이들을 포함한 그 가족 식구들에게 다 세례를 베풀었습니다(행 2:38; 16:31). 유아세례는 부모 중 한쪽이 신자이면 그 자녀가 받을 수 있습니다. 언약의 가정에서 태어난 아기는 언약 밖에서 태어난 아이와 구별해야 합니다. 화란의 신학자 아브라함 카이퍼(Abraham Kuyper, 1837-1920)의 주장처럼 언약가정에서 태어난 아이는 이미 중생받았다고 가정해서 세례를 베푸는 것이 아닙니다. 언약가정에서 태어난 아이도 다윗의 고백처럼 죄악 가운데 잉태되고 태어났습니다. 그 아이도 죄인임이 분명합니다. 그렇기에 예수 그리스도께서 우리의 죄를 씻어주신다는 것을 보여주고 도장까지 찍어주시는 세례에 참여시킵니다.

침례교회에서는 개인의 믿음의 고백을 세례의 절대적인

근거로 생각하기 때문에 유아세례를 인정하지 않습니다. 언약가정에서 태어난 아이도 성인이 되어서 자기 입으로 삼위 하나님을 고백할 때에 비로소 세례를 베풉니다. 이들의 선배라고 할 수 있는 이들이 있습니다. 바로 종교개혁시대에 '재세례파'라고 명명된 이들이었습니다. 이들은 그 명칭대로 유아세례를 받은 이들에게 다시 세례를 베풀었습니다. 그들은 성인세례밖에 인정하지 않았기 때문에 자신들도 한 번만 세례를 베푼다고 생각했을 것입니다. 자신들이야말로 진정한 세례를 베푼다고 생각했을 것입니다. 이런 재세례파가 사회를 어지럽힌다고 해서 핍박을 받고 죽임을 당하기도 했습니다. 재세례파의 후예들인 침례교회는 유아세례를 인정하지 않기에 신자의 자녀를 어떻게 보아야 할지를 생각할 수밖에 없습니다. 세례를 베풀지 않으니 믿지 않는 가정에서 태어난 아이와 하나도 다르지 않다고 볼 수밖에 없으니까요. 그래서 세례를 베풀지 않고 '유아헌아식'이라는 것을 가집니다. 유아를 하나님께 바친다는 의미를 담고 있는데, 유아를 하나님께 바친다는 예식을 하고 목사가 유아에게 축복해 줍니다. 이것은 세례식이 아닙니다.

유아세례는 유아헌아식과 같은 예식이 아니라 언약에 근

거한 성례입니다. 구약교회의 할례를 대체한 신약교회의 성례입니다. 세례로 인해 신자는 비로소 출생합니다. 물이 사용되는 것이 이를 분명하게 보여줍니다. 물이 사람의 몸을 씻듯이 그리스도의 피와 성령이 죄를 씻어주신다는 것을 보여줍니다. 더 나아가 물속에 완전히 잠기는 것을 보여줍니다. 즉, 죽고 사는 것을 보여줍니다. 세례식은 신자의 장례식이요 동시에 출생식입니다. 이것이 바로 그리스도께서 친히 제정하신 세례입니다. 믿는 부모조차도 '아이가 아무것도 모를 때 세례를 베풀면 나중에 자라서 왜 내가 스스로 선택하게 놓아두지 않았냐고 말할 것이 아니냐?'면서 '자신이 스스로 선택할 때까지 그냥 놓아두어야 한다'고 말하기도 합니다. 이것이 정말 아이를 위하는 것일까요? 언약의 자녀라는 인을 치고 부모가 서약한대로 '주의 교양과 훈계'로 양육하고 아이를 위해 기도하고, 아이와 함께 기도해야 합니다. 유럽의 개혁교회에서는 유아세례식 때 한 이 서약 문답 때문에 부모들이 기독교 학교를 건립합니다. 부모들이 스스로 기독교 학교를 만들어서 기독교사와 함께 머리를 맞대고 언약의 자녀로 양육하기 위해 최선의 노력을 경주합니다. 물론, 교회에서도 언약의 자녀를 말씀으로 가르칩니다. 교회, 가정, 학교가 삼위일체적으로 유아세례를 받은 언약의 자녀를 양육합니다.

유아세례는 그 명칭대로 연령제한을 둡니다. 만 2세 이전에 유아세례를 받을 수 있습니다(교회정치 제23조 1항). 유아세례를 받은 아이는 교회의 아이요, 교회 회원입니다. 만 2세 이전라고 했지만 가능한 한 빨리 세례를 받는 것이 좋습니다. 이 유아세례의 유익이 큽니다. 유아세례를 받는 그 가정의 부모만이 아니라 온 교회에 큰 유익이 있습니다. 유아세례에는 성인세례와 또 다른 의미가 있습니다. 세례의 근거는 우리의 믿음과 고백이 아니라 하나님의 약속과 부르심에 근거하고 있다는 것을 보여줍니다. 즉, 아무것도 모르고 고백할 수 없는 언약의 자녀가 받는 세례이기에 미신적이거나 단순히 하나의 형식에 불과한 것이 아니라, 이 성례가 하나님께서 약속하신 바를 친히 이루셨다는 것을 확인합니다. 우리의 믿음과 고백 이전에 하나님께서 약속하신 것이 있고, 그 약속을 친히 이루신다는 것을 우리의 눈으로 볼 수 있으니 훨씬 더 감사하고 감격스럽습니다.

유아세례식

믿은 이들이 혼인하여 부부가 되고 자녀를 잉태하면 교회는 그 부모에게 유아세례에 관한 '교육'을 시작합니다. 교육의 내용이 무엇일까요? 개혁교회의 '세례예식문' 자체를 해설하는 것이 가장 좋은 교육이 될 것입니다. 『영원한 언약: 유아세례 예식문 해설』(김헌수, 성약)을 참고하면 큰 도움이 될 것입니다. 교육이 끝나고 나면 '당회면담'을 합니다. 예배를 포함하여 성례는 당회가 책임을 지고 있습니다. 부모문답은 유아세례식에서 할 서약문답의 내용을 미리 확인하는 시간이기도 합니다. 부모는 왜 유아세례식을 하는지 분명하게 알고 고백해야 합니다. 부모가 분명한 신앙고백을 하면서 이 아이가 언약의 자녀요, 언약의 자녀라는 것을 인치는 성례임을 분명하게 알고 고백해야 합니다. 당회는 부모가 이 아이를 어떻게 양육할 것인지 묻고, 교회가 또한 이 아이를 돌아볼 것이라는 말을 건넵니다. 이렇게 당회면담이 끝나고 나면 온 교회 앞에 유아세례식이 있을 것이라는 사실을 '광고'합니다. 출산한 자녀가 산모와 함께 예배에 참여하기 시작하면 늦지 않게 유아세례를 베풀어야 합니다. 하나님께서 그 세례를 간절히 기다라고 계실 것이기 때문입니다.

유아세례식은 공예배를 하면서 베풀어야 합니다. 이날은 교회가 크게 축하하는 날입니다. 설교도 유아세례식의 의미에 관해 해야 합니다. 그 전에도 여러 번에 걸쳐서 세례식에 관해 설교하면 준비가 더 잘될 것입니다. 설교 후에 세례식을 거행합니다. '말씀과 성례'의 순서이기 때문입니다. 혹 아이가 예배가 진행되는 동안 힘들어 한다면 부모가 예배당 뒤에서 좀 기다릴 수도 있겠고, 세례식이 진행되면 부모가 자녀와 함께 앞자리로 나아와 앉습니다. 교회에서는 세례반에 미지근한 물을 담아 놓습니다. 개혁교회 예식문을 보면 목사가 세례의 교훈과 세례의 근거를 말하고 난 다음에 이 세례를 통하여 하나님께 영광이 돌아가고, 우리의 믿음이 굳세어지고, 교회가 세워지도록 '기도'하고 난 후 부모에게 '서약문답'을 합니다. 서약문답의 내용은 아래와 같습니다.

첫째, 우리의 아이들이, 비록 죄악 중에 잉태되고 출생하여서 모든 비참함을 겪고 심지어 영원한 심판까지 받게 되었지만, 그러나 그리스도 안에서 거룩하여졌으며, 따라서 교회의 회원으로 세례를 받는 것이 마땅하다고 고백하십니까?

둘째, 그대들은 사도신경에 요약되어 있고 여기에 있는 이 그리스도의 교회에서 가르치는 구약과 신약의 교훈이 구원을 위한 참되고 완전한 교훈이라고 고백하십니까?

셋째, 그대들은 부모로서 이 아이가 성장함을 따라서 그대들의 힘을 다하여 주님의 교양과 훈계로 이 자녀를 교육하고 교육받게 하며, 또한 친히 사람의 본분을 이 아이에게 보이기를 힘쓰며, 이 아이를 위해 기도하고 함께 기도하기로 약속하십니까?

서약문답이 끝나면 유아를 '수세'합니다. 고대교회에서는 흐르는 물이 있는 곳에서 세례자가 세 번 물에 잠기도록 했습니다. 부모가 언약의 자녀를 안고 있으면 목사는 장로가 들고 있는 세례반의 물을 손으로 받아서 아이의 머리에 세 번 끼얹었습니다. "내가 예수 믿는 아이 ○○○에게 성부와 성자와 성령의 이름으로 세례를 주노라"라고 하면서 물을 끼얹었습니다. 아이가 놀라지 않도록 해야 하겠지만 넉넉히 세 번 끼얹으면 됩니다. 원래는 물속에 완전히 잠기는 것이 세례를 가장 분명하게 드러내는 것이기 때문입니다. 세례를 베풀고 나면 부모가 언약의 자녀가 세례받은 것에 대해

'감사글'을 읽으면 좋습니다. 온 교회가 아이를 가진 것부터 시작하여 아이가 세례받을 때까지의 심정을 잘 알 수 있겠고, 하나님께 대한 감사의 마음을 읽을 수 있기 때문입니다. 부모가 감사의 글을 읽고 나면 목사는 '감사기도'를 합니다. 하나님께서 세례받은 이 아이를 주님의 성령으로 다스려 주시기를, 이 아이가 하나님 아버지의 선하심과 자비하심을 깨닫기를, 그리스도께 순종하는 자녀가 되게 해 주시기를 기도합니다. 그리고는 온 교회 앞에 유아세례 교인이 된 것을 '공포'합니다. 축하는 다양한 방식으로 할 수 있는데 당회가 교회를 대표하여 꽃다발을 하나 선물하면 좋겠습니다.

지적발달장애인의 세례 문제

지적장애인은 인지능력이 유아 정도인데 세례를 줄 수 있느냐가 논쟁거리입니다. 세례는 언약에 근거하고 있기에 언약의 가정에서 태어난 지적장애인은 세례를 받을 수 있습니다. 나중에 입교식을 어떻게 진행할 수 있을 것인지도 숙제이지만 우리는 하나님께서 언약을 친히 이루신다는 것을 믿어야 합니다. 그런데 언약가정에서 태어나지 않은 지적장애인의 경우는 좀 다릅니다. 우선, 우리는 지적장애인이 지적 능력이 손상되었음에도 불구하고 그들이 하나님과 교제하는 길이 열려져 있고, 하나님께서 그들과 특별한 방식으로 교제하실 수 있다는 것을 믿어야 합니다. 그러면 언약가정에서 태어나지 않은 지적장애인이 교회생활을 하고 예배에 참석하고 신앙교육도 받고 있다면 무조건 세례를 주어도 될까요? 이것은 그 장애인을 가르치는 교사나 당회가 그의 수준에서 하나님을 소망하고 하나님과 교제한다는 것을 최소한 확인하고서 세례를 베풀어야 할 것입니다. 물론, 이 확인은 상당히 주관적일 수밖에 없다는 것을 인정해야 합니다. 후견인 역할을 하는 교사나 교인들이 있기에 그를 계속해서 돌보아주는 것을 근거로, 아니면 그 장애인과 그의 가정을 위로하는 것이 필요하다는 것 때문에 세례를 주자고 해서는 안됩니다. 세례받았다고 해서 자동적으로 구원받거나 중생받는 것이 아니고, 반대로 세례받지 않았다고 해서 구원받지 못하는 것이 아니라는 것을 안다면 세례에 지나치게 집착하지 않아도 될 것입니다. 비밀스러운 것은 비밀스러운 것으로 남겨 놓아도 될 것입니다.

주일 오전예배에서 유아세례식이 있었다면 오후에 온 회중이 함께 축하하는 시간을 가져도 좋겠습니다. 세례식에서 부모가 감사의 글을 읽었지만 출산 전후로 겪었던 이런저런 에피소드들이 있을 것이니 그런 것을 나누는 시간을 가지는 것도 좋겠습니다. 교인들이 자연스럽게 축하하는 말을 건네고, 기쁨을 함께 나누는 시간을 가지는 것도 좋겠습니다. 유아세례식은 한 가정만이 아니라 온 교회가 기뻐하고 감격을 누릴 수 있는 성례이기 때문입니다. 요즘같이 혼인을 점점 기피하고, 자녀 출산도 점점 줄어들기 때문에 교인 한 사람이 더 생겼다는 것이 감사한 것 정도가 아닙니다. 자녀에게 유아세례를 받게 하는 부모는 자신들이 자격 없는 부모이지만 자녀를 주시고 언약의 자녀로 인쳐주시는 것이 얼마나 감격스러운지 모릅니다. 교회에서 자라나는 청소년들은 자신들도 저렇게 유아세례를 받아서 언약의 자녀로 자라고 있다는 것을 확인하는 시간입니다. 언약가정을 가지기를 준비하고 있는 청년들에게는 자신들도 언약가정을 이루어서 하나님께서 자녀 주시기를 기뻐하시면 저렇게 유아세례식에 참여할 수 있겠다는 기대가 넘쳐납니다. 자녀를 둔 모든 부모들은 다시금 자기 자녀들을 입교 시까지 잘 양육해야 할 것을 다짐하며 감사하는 시간이 됩니다. 연로하신 분들은 어린아이의 입장으로 돌아가서 자신이 하나님 앞에서 어린아이의 모습으로 서게 될 것을 그려 보는 시간이 됩니다.

이 기쁨과 축하에 동참할 수 없는 이들이 있을까요? 독신으로 사는 분들, 하나님이 육신의 자녀를 주지 않으셔서 안타까움을 가지고 있는 가정들 말입니다. 그런 분들도 이 기쁨에서 제외될 이유가 없습니다. 교회의 아이가 태어났기 때문입니다. 자녀가 없는 가정에서 혹 입양을 한다면 그 아이도 언약가정에서 태어난 언약의 자녀와 다르지 않게 유아세례를 받을 수 있습니다. 이렇게 유아세례식은 온 교회가, 온 회중이 너무나 크게 기뻐하고 감격을 누리는 성례입니다. 복음의 모든 내용이 다 담겨 있는 성례입니다. 유아세례식은 하나님께서 아담을 지으시고 그로 하여금 온 세상을 다스리라고 하신 말씀을 성취하는 길이기도 합니다. 주님이 다시 오시는 그날까지 교회에서 유아세례식이 계속되기를 구해야 하겠습니다.

입교식, '공적 신앙고백'이고 '성찬 참여를 위한 예식'이다

부모는 유아세례식에서 서약문답을 했기 때문에 언약의 자녀를 잘 양육해야 합니다. 자기 자녀일 뿐만 아니라 언약의 자녀요, 하나님의 자녀이자 교회의 자녀라는 것을 끊임없이 상기시켜야 합니다. 이 아이가 자라서 만 14세가 지나면 그를 거룩한 교제권 가운데로 받아들이는 입교식(入敎式)을 가집니다(교회정치 제23조 3항). 이 입교식은 사전적인 의미로는 '정식으로 어떤 종교의 신자가 되는 의식'인데, 로마가톨릭, 영국성공회, 루터교회에서는 '견신례'(堅信禮 Confirmation)라고 부릅니다. 이 견신례는 입교문답을 받는 이들에게 안수하여 성령께서 그를 든든히 세워주실 것을 구하는 예식입니다. 유럽의 개혁교회에서는 이 예식을 '공적 신앙고백'(Public Confession of Faith)이라고 부릅니다. 이제 자신의 입술로 온 회중 앞에서 공적으로 신앙을 고백하기 때문입니다. 유아세례를 받은 아이는 입교식을 가져야 정식 신자가 되는 것이 아닙니다. 입교식을 가지면 '입교 교인'이라고 부르고, 그때서야 그 아이가 성찬참여를 포함한 교인의 온전한 권리를 누리지만, 유아세례를 받으면서 이미 교인이었습니다. 부모와 교인은 유아세례를 받은 이 아이를 자신들과 하나도 다르지 않은 동일한 교인으로 받아야 할 것입니다.

목사의 중요한 직무 중에 하나가 바로 청소년들에게 '교리문답교육'을 시키는 것입니다. 주중에 청소년들을 모아서 교리문답을 교육합니다. 웨스트민스터 소교리문답이나 하이델베르크 교리문답을 잘 공부시켜서 스스로 자신이 죄인임을 고백할 뿐만 아니라 삼위 하나님을 고백할 수 있어야 합니다. 입교를 준비하는 아이들은 성경을 스스로 읽어야 하는데, 성경 자체를 읽기가 힘들다면 『이야기성경』(J.H 뮬더 판 하링언, 두란노서원) 등을 통해 도움을 받으면 좋습니다. 『세례반에서 성찬상으로: 공적 신앙고백 예식문 해설』(카렐 데던스, 성약)이라는 책을 가지고 공부하면 입교식의 내용까지 알 수 있을 것이니 큰 도움이 될 것입니다.

당회는 문답을 통해 공예배 시에 입교식을 행한 청소년의 믿음과 고백을 확인해야 합니다. 정확한 믿음과 고백이 없는데 형식적으로 입교식에 참여해서는 안 됩니다. 만 14세가 되었다고 해서 자동적으로, 그리고 의례적인 절차만 밟고서 입교식을 베풀면 안 됩니다. 이 예식도 공예배 시 설교 후에 가지는데, 공적 신앙고백이 중요하기에 서약문답을 합니다. 개혁교회에서는 아래와 같은 서약문답을 합니다.

첫째, 그대는 사도신경에 요약되었고 여기에 있는 이 그리스도의 교회에서 가르치는 구약과 신약의 교훈이 구원을 위한 참되고 완전한 교훈임을 고백하십니까? 그대는 이 교회에서 가르치는 하나님의 말씀의 교훈에 열복(悅服)하며, 하나님의 은혜에 의지하여 살아서나 죽어서나 한결같이 이 교훈 가운데 행하기를 서약하십니까?

둘째, 그대는 세례를 받을 때에 그대에게 표(表)하고 인(印)을 쳐 주신 하나님의 언약의 약속들을 믿습니까? 그대는 자기의 죄 때문에 진정으로 자기를 미워하고 하나님 앞에서 자신을 낮추며, 그대의 생명을 그대 밖에서, 곧 우리의 유일한 구주 예수 그리스도에게서만 찾으시겠습니까?

셋째, 그대는 주 하나님을 사랑하며, 그분의 말씀을 따라서 전심으로 그분을 섬기고, 세상을 버리며 그대의 옛 본성을 십자가에 못 박고서 오직 성신을 좇아 살기를 원한다고 고백하십니까?

넷째, 그대는 하나님의 교회의 살아있는 지체(肢體)로서 교회의 거룩함과 화평을 위해 힘쓰며, 교회 전체의 사명을 이루는 데에 개인생활의 목적도 있다는 것을 알고 자기의 생애를 다 드려서 주님을 섬기기로 굳게 결심하십니까? 하나님께서 은혜로 그대를 지켜주시기를 바라지만, 혹시라도 교훈이나 생활에서 태만하거나 그르치는 일이 있으면, 그대는 교회의 권면과 권징(勸懲)에 기꺼이 순종할 것을 서약하십니까?

서약문답을 하고 나서 목사는 "공포합니다. ○○○씨는

대한예수교 장로회 ○○○교회의 입교인이 된 것을 성부와 성자와 성령의 이름으로 공포하노라. 아멘"이라고 합니다. 이 공포가 있은 후 입교인의 부모가 '감사글'을 작성하여 읽으면 좋습니다. 유아세례 때 부모가 서약문답을 했는데, 이제는 그 아이가 자라서 자신의 입과 마음으로 서약문답을 했으니 얼마나 감사한 일입니까? 부모라고 해서 자녀에게 믿음을 넣어 줄 수 있는 것이 아니고, 유아세례를 받았다고 해서 자동적으로 믿음을 가질 수 있게 되는 것도 아닙니다. 유아세례를 받은 아이가 공적 신앙고백의 자리에 서게 되었다는 것이야말로 부모에게 얼마나 감격스러운 일인지 모릅니다. 입교하는 청소년이 또한 감사글을 작성하여 읽어도 좋습니다. 이제 목사는 '감사기도'를 합니다. 유아세례를 받고 난 다음에 감사기도한 것처럼 이제 공적 신앙고백을 한 이 입교인이 평생 삼위 하나님을 의지하면서 살아가게 해 달라고 기도합니다. 온 교회는 공적 신앙고백을 한 그 입교인을 크게 '축하'합니다. 주일 오후에 따로 축하하고 함께 기뻐하고 대화하는 시간을 가져도 좋을 것입니다.

입교식은 공적 신앙고백식이며, 동시에 성찬 참여를 허락하는 예식입니다. 어떤 개혁교회들은 유아세례를 받은 아이들을 성찬에 바로 참여시키기도 하지만 대부분의 경우는 입교식까지 미루어 놓습니다. 이것은 성찬이 세례와 성격이 조금 다르기 때문입니다. 성찬은 자기를 돌아보면서 참여하여야 그 유익을 누릴 수 있기 때문입니다(고전 11:28). 성찬은 자기를 충분히 돌아볼 수 있는 상태, 즉 공적 신앙고백을 한 후에 참여하는 것이 바람직합니다. 유아세례를 받은 아이는 입교식, 즉 성찬 참여를 허락하는 예식까지 기다립니다. 그 기다림이 얼마나 복된 기다림인지 알 수 없습니다. 그 아이는 부모가 성찬에 참여하는 것을 지켜보면서 자신도 그리스도의 살과 피를 먹고 마시는 날을 손꼽아 기다립니다.

학습식, 예수를 믿기로 작정하고 세례를 사모하는 예식이다

'예수를 믿기로 작정하고 공예배에 참석하는 자'를 '원입인'(願入人)이라고 부릅니다(교회정치 제22조 1항). 원입인이라는 말은 말 그대로 '교회에 들어오기를 바라는 이'라는 뜻입니다. 이 원입인이 예수님을 정말로 믿기를 원한다면 당회가 그를 심사하여 '학습식'을 가질 수 있습니다. 예배지침(제24조)에는 다음과 같이 정의하고 있습니다.

'세례를 받기 전까지 일정한 기간 동안 교회생활에 필요한 교육을 이수한 원입인이 예수를 믿기로 작정했을 때 당회가 그를 심사하여 학습문답을 하고 교회 앞에 공포함으로 학습인이 된다.'

예수님을 믿겠다고 하면 바로 세례를 베풀면 되는데, 왜 학습이라는 과정을 거칩니까? 성경에 학습이라는 제도가 없는데 말입니다. 사도행전을 보면 예수님을 믿겠다고 하면 학습을 주고, 그다음에 세례를 베풀었던 것이 아니라 바로 세례를 주었습니다. 예배지침에서 언급하고 있듯이 '일정한 기간 동안 교회생활에 필요한 교육을 이수'까지 했는데 세례가 아니라 학습을 베푼다는 것은 이상해 보입니다.

학습은 현실적인 필요에서 나왔습니다. 한국개신교회에서 최초의 학습은 1891년에 시행된 것으로 보입니다. 해리 로즈(Harry A. Rhodes, 1875~1965)라는 선교사는 이 학습이라는 제도가 선교사들이 처음부터 가진 계획은 아니었는데 어떻게 하다 보니 그것이 아주 현실적인 안이 되었다고 말하고 있습니다.

"새신자들은 6개월이나 일 년 혹은 몇 년이 지나 신앙과 지식이 성장한 증거를 따라 학습교인이 되기 위한 시험을 보았다."

선교사들이 학습교인이 되고 싶어 하는 이들에게 물어본 시험은 다음과 같습니다.

성경 읽기와 기도 습관, 예수 그리스도와 구원 계획, 죄의 회개, 결혼 관계, 가정 여건, 복음을 남들에게 전해 온 여부 등입니다. 세례받을 이들에게 물어도 부족하지 않을 만큼의 내용이라는 것을 알 수 있습니다. 이런 시험에도 불구하고 많은 이들이 너무 빨리 세례를 받고 싶어 했습니다. 어떤 이들에게는 이런 학습예식이 필요하지 않은 경우도 있었습니다.

선교사들이 학습예식을 둔 것은 또 다른 이유가 있었습니다. 예수님을 믿겠다고 해서 세례를 주었는데 이제는 더이상 믿지 않겠다고 하는 일이 일어나기 때문입니다. 세례까지 베풀었는데 믿지 않겠다고 돌아선다면 얼마나 당혹스럽겠습니까? 선교사들로부터 도움을 받은 것이 있어서 미안해서 교회 다니다가 세례받으라고 해서 세례받고 나서는 이제는 그만 믿어도 되겠다는 생각을 하곤 했습니다. 선교사들은 2-3세대가 지나고 나면 이런 학습제도가 없어져야 할 것으로 생각했지만 지금까지 한국교회의 관례가 되어 내려오고 있습니다. 학습을 받기 원하는 사람은 6개월 동안 교회생활을 충실히 해야 하고, 학습을 받고 난 다음에 또 다시 최소한 6개월을 준비해야 세례를 받을 수 있도록 관례화되었습니다.

학습예식은 다음과 같이 진행됩니다. 설교 후에 후보자가 호명을 받고 일어서면 서약문답을 해야 합니다. 한국개신교 선교 초기에는 아래와 같은 서약문답을 했습니다.

1. 당신은 살아계시고 참되신 하나님을 믿고 헛된 영들과 우상숭배를 버리고 오직 그분만을 섬기겠습니까?

2. 당신은 성경이 하나님의 말씀임을 받아들이고 그 말씀을 연구하고 복종할 것을 서약합니까?

3. 당신은 예수 그리스도께서 당신의 구원자요 주님이심을 받아들이고 그분의 명령에 복종하고 성령의 인도하심을 위해 기도하겠습니까?

4. 당신은 안식일(주일)을 지키고 교회의 예배에 출석할 것을 약속합니까?

학습문답 시 하나님, 성경, 예수 그리스도와 성령, 주일과 예배의 핵심사항을 물었습니다. 학습예식도 공적 신앙고백입니다. 유아세례를 받은 이가 입교식, 즉 공적 신앙고백을 하듯이 학습예식은 불신자로 살다가 예수님을 믿기로 작정하는 이들이 공적으로 자신의 신앙을 고백하는 예식입니다. 한국교회에서 독특하게 자리를 잡은 이 학습식이 어정쩡한 예식이 아니라 세례를 간절히 사모하고 준비하는 예식이 되어야 합니다. 학습교인이 된 사람은 이제 세례를 준비하게 됩니다. 세례는 말 그대로 자신이 죽고 사는 성례, 자신이 새롭게 태어나는 성례이기 때문에 세례를 더 간절히 기다려야 합니다. 당시 교인들은 6개월 뒤에 있었던 세례식에서 교회규칙을 소리 내어서 외웠습니다. 그 교회규칙은 십계명을 당시 한국 사회 현실에 비추어서 적용한 내용이었습니다.

성인세례식, 세례로 새롭게 태어나 평생 세례로 산다

세례의 의의

세례는 언약의 예식입니다. 이 언약식은 구약시대부터 내려옵니다. 하나님께서 아브라함과 그의 후손과 더불어 언약을 체결하시고 그 언약 백성인 것을 확증하는 표로 주신 것이 할례였습니다. 이스라엘의 사내아이들은 다 몸에 칼자국이 새겨져 있었습니다. 이스라엘의 남자들은 자기에게 있는 이 칼자국, 즉 할례를 대단히 자랑스럽게 생각했습니다. 하나님께서 언약을 체결한 백성이라는 것을 몸에까지 새겨주셨으니 말입니다. 고대 근동에는 여아들의 할례도 있었고, 지금까지 내려오기도 하지만 이스라엘에는 오직 남아들의 할례만 있었습니다. 하나님께서는 선지자들을 통해 몸에 새겨진 할례가 아니라 마음에 할례를 베풀어야 한다고 말씀하셨습니다. 할례는 육체를 자랑하지 말라는 것임에도 불구하고 오히려 육체를 자랑하는 것이 되었습니다. 이에 마음에 할례를 행하고, 마음에 율법이 새겨진 백성이 하나님의 참된 언약 백성이라고 말씀하셨습니다(신 10:16, 30:6; 렘 9:26; 행 7:51; 롬 2:29).

언약 백성의 표징이었던 이 할례가 신약시대에 세례로 바뀌었습니다(골 2:11-12). 세례는 할례와 동일한 의미를 가지고 있으면서 동시에 할례보다 더 낫습니다. 남자만이 아니라 여자도 받을 수 있는 것이기 때문입니다. 남녀의 차이가 없어졌습니다. 예수님 자신이 요한에게 세례를 받으시면서 이렇게 해서 하나님의 의를 이루어야 한다고 말씀하셨습니다(마 3:15). 죄 없는 분이 우리를 대신하여 죄를 씻어야 할 분인 것처럼 세례를 받으셨을 때에 범죄한 자기 백성을 구원하시려는 하나님의 의가 이루어졌습니다. 예수님은 십자가의 세례를 받으시고 부활하신 후 성부와 성자와 성령으로 이름으로 세례를 베풀라고 제자들에게 명하셨습니다(마 28:19-20). 삼위 하나님의 이름으로 세례받는 자는 곧 성령으로 세례를 받습니다(행 2:38).

어린이세례식

요즘에는 자녀 출산이 줄어드는 것과 더불어 주일학교가 없는 교회들이 많습니다. 심각한 위기입니다. 교회의 미래가 불투명하기 때문입니다. 그래서 '어린이세례식'을 시행하려는 교단이 있습니다. 일반적으로 유아세례는 만 2세까지로 제한을 두고, 입교식·세례식은 만 14세가 지나야 참여할 수 있습니다. 유아세례를 받지 못한 친구들은 성인세례식 이전까지 교인이라는 신분을 얻을 수 없습니다. 그래서 3세부터 13세까지의 어린이들에게 신앙심을 제대로 넣어주어야 하고, 그들이 기독교인이라는 정체성을 가지도록 해주기 위해 이 연령층의 청소년에게 세례를 주는 것이 좋겠다고 판단한 것입니다. 만 6세까지 유아세례를, 만 7세부터 13세까지는 어린이세례를 주자는 것입니다. 이제는 어떤 연령층의 사람도 세례를 받을 수 있게 되었습니다. 언약에 근거하여 베푸는 유아세례와 분명한 고백을 바탕으로 한 성인세례 사이에 어린이세례가 자리를 잡은 것이 세례의 의미를 약화시키는 것은 아닌지 잘 판단해야 합니다. 어쨌든 "나는 세례 받았어요"라고 말하면 세상 사람들이 "그러면 믿을 수 있겠네"라는 말을 들을 수 있어야 할 것입니다.

성인세례식은 유아세례식과 다릅니다. 성인세례식은 유아 때 세례받은 이가 성인이 되어서 다시 받는 세례가 아닙니다. 자기가 유아 때 세례를 받았는지 받지 않았는지 모르니까 다시 세례를 달라고 해서 받는 것이 아닙니다. 성인세례식은 유아 때에 세례를 받지 않고 성인이 된 후에 예수님을 믿고 세례받고자 하는 경우에 베풉니다. 언약의 자녀로 태어났는데도 불구하고 세례를 미루어서 세례받지 못한 이들도 성인이 되어서 세례를 받곤 합니다. 이것은 미안한 일입니다. 성인세례식은 불신자가 예수님을 믿겠다고 해서 받는 것이기 때문입니다. 선교지적인 상황에서는 이런 일이 많이 일어납니다. 불신자로 있다가 세례받으려는 이는 언약가정에서 자란 아이가 교리를 충실하게 배웠듯이 기독교의 근본적인 교훈을 철저히 배워야 합니다. 이미 앞에서 언급했듯이 한국 같은 경우에는 학습을 받은 학습교인이 6개월 동안 기독교의 근본적인 교훈을 더 철저히 배워 세례를 받게 됩니다.

고대교회의 세례

우리는 고대교회의 경우를 살펴볼 필요가 있습니다. 오순절에 성령께서 오셔서 교회가 세워졌을 때는 예수님을 믿겠다고 하면 즉시로 세례를 베풀었습니다. 그런데 고대교회는 세례를 아주 엄격하게 다룹니다. 고대교회에서 세례받으려고 하는 사람은 우선 '세례 예비자'로 등록을 해야 합니다. 등록할 때에 이미 기독교인이 되려고 하는 동기부터 시작하여 그를 인도해 온 사람이 말씀을 알아들을 수 있는 능력이 있다는 것을 증거해야 합니다. 예를 들어 그가 노예이면 주인이 그가 선한 사람이라고 증언해 주어야 하고 주인의 허락을 받아야 합니다. 그가 어떤 직업을 가지고 있느냐도 중요합니다. 기독교인이 되기에 합당하지 않은 직업은 버리고 와야 합니다. 대표적인 것이 포주, 조각가나 화가, 배우와 극장 연출가, 교사, 검투사, 군인, 신전의 제관들, 매춘

부나 호색가나 자해하는 사람, 마술사나 점성가나 점정이나 해몽가나 협잡꾼, 화폐 위조꾼, 부적을 만드는 사람 등입니다. 배우와 교사가 왜 안되는지 궁금할 것입니다. 당시 배우는 신화를 연기해야 하기에, 그리고 교사는 신화를 가르쳐야 하기에 그 직업을 버려야 합니다. 세례 예비자 로 등록하기 전에 이런 합당하지 않은 직업을 버려야 합니다.

세례 예비자로 등록하고 나면 3년 동안 학습의 과정을 거칩니다. 꼭 3년이어야 한다고 명문화된 것은 아닙니다. 열성적으로 세례교육을 잘 받은 이들은 기간에 좌우되지 않았고, 오직 생활에 따라 판단했습니다. 고대교회의 세례교육은 믿을 바에 대한 지식적인 교육이 아니라 기독교인의 모습을 삶 속에서 나타내 보이느냐를 중요하게 보았습니다. 믿지 않는 이들에게도 추천서를 받아 와야 했습니다. 최종적인 선발도 역시 생활에 대한 심사였습니다. 고대교회의 예식서인 히폴리투스(Hippolytus, 160?–235?)의 『사도전승』에서는 '예비자로 있는 동안 그들이 성실하게 살았는지, 과부들을 공경했는지, 병자들을 방문했는지, 온갖 종류의 선행을 행했는지 물어볼 것이다'라고 언급하고 있습니다. 세례 예비자 본인의 말뿐만 아니라 그를 인도했던 사람이 최종적으로 증언해야 합니다. 세례받기에 합당한지 아닌지 말입니다.

고대교회에서는 세례식을 아주 독특하게 시행했습니다. 부활절 전날 저녁, 아니 부활절이 밝아 오기 전 새벽에 온 교회가 모여서 이 세례식을 가졌습니다. 물이 중요한데 샘에서 흘러나오는 물이나 위에서부터 흐르는 물이어야 한다고 생각했습니다. 생수를 보여주기 위함입니다. 세례받을 이는 옷을 완전히 벗습니다. 기름도 사용했습니다. 이 기름은 귀신을 쫓아내는 구마의식을 위한 것이었습니다. 장로가 "사탄아, 나는 너와 너에 대한 모든 예배와 모든 미신적인 행위들을 끊어 버린다"라고 외치면서 기름을 바릅니다. 그러고나서는 물에 내려가서 성부를 믿는지, 성자를 믿는지, 성령을 믿는지 세 번 묻고, 세 번 침수시킵니다. 물에서 올라오면 기름을 한 번 더 바르고 준비한 흰옷을 입히고는 본당에 들어갑니다. 이제 부활의 날이 밝아 옵니다. 부활의 먼동이 터오를 때 세례받은 이는 다른 교인들과 함께 처음으로 성찬식에 참여합니다. 세례식은 성찬 참여를 위한 예식이기 때문입니다.

세례가 얼마나 복된지 모릅니다. 세례자는 자신이 받은 세례로 평생을 삽니다. 세례의 의미를 새롭게 되새기려고 다시 세례받을 필요가 없습니다. 신자는 오직 한 번 받은 이 세례로 평생을 잘 살아갈 수 있습니다. 신자는 삶의 어떤 위기를 만날 때마다, 자신이 하나님의 백성이 맞는지 의심이 생길 때, 하나님이 나를 사랑하고 도우시는지 모르겠다는 생각이 들 때 세례를 회상하면 됩니다. '아, 나는 세례받았지'라고 말입니다. 그리고 외쳐야 합니다. "나는 세례받았다"라고 외쳐야 합니다. 삼위 하나님께서 그 이름을 세례에 사용하도록 해 주셨으니 내가 하나님의 자녀인 것이 맞고, 삼위 하나님께서 그 이름으로 일하실 것이기 때문입니다. 종교개혁자 마틴 루터(martin Luther, 1483-1546)도 모든 위기의 순간마다, 마귀의 공격 앞에서도 '나는 세례받았다'고 외치면서 끝까지 싸웠습니다. 이 때문에 교회에서 유아세례와 입교식만이 아니라 학습식과 성인세례식이 계속되어야 합니다.

세례식 절차

세례식 절차는 유아세례식 절차와 크게 다르지 않습니다. 세례받기를 원하는 사람은 잘 준비하여 당회에 세례받기를 '신청'해야 합니다. 당회는 그 사람을 '문답'합니다. 기독교 신앙의 근본적인 것을 잘 이해하고 믿고 따르겠다고 하는지 물어야 합니다. 기본적인 질문은 사도신경을 묻는 것이 될 수 있겠고, 성경을 얼마나 알고 있는지도 물어야 할 것입니다. 고대교회처럼 그의 삶이 복음에 합당한 삶을 살아가고 있는지 물어야 할 것입니다. 물론, 완벽한 삶을 요구하는 것은 무리입니다. 완벽한 삶을 요구한다면 평생 가도 세례를 받지 못할 것이기 때문입니다. 하지만 기독교인 됨이라는 것이 무엇인지를 분명하게 알고 고백해야 합니다. 세례에서 물이 사용되듯이 물속에 들어가 자신이 죽고 그 물에서 끄집어내어져 살아난 것과 같이 그리스도와 함께 죽고 살아났다는 것을 고백해야 합니다.

당회문답이 끝나면 세례받을 주일을 '광고'하고 예배하면서 세례를 베풉니다. 세례받을 주일 전후로 세례의 의미에 관해 여러 번 설교하면 좋을 것입니다. 세례식이 너무나 중요합니다. 성례 중에 첫째가 세례입니다. 세례는 신자의 출생일이기 때문입니다. 세례식이 곧 신앙고백식이기에 대륙의 개혁교회는 아래와 같이 자세하게 '서약질문'을 했습니다.

첫째, 그대는 유일하고 참되신 하나님께서 성부 · 성자 · 성령 삼위로 계시며, 아무것도 없는 중에서 하늘과 땅과 그 가운데 있는 모든 것을 창조하셨고 여전히 보존하시고 다스리시며 하나님의 거룩한 뜻이 아니면 아무것도 일어날 수 없다고 믿으십니까?

둘째, 그대는 죄악 중에 잉태되고 태어나서 본성적으로 진노의 자녀이며, 선은 조금도 행할 수 없고 온갖 악만 행하는 성향이 있다고 믿으십니까? 그대는 생각이나 말이나 행동에서 주님의 계명을 자주 어긴다고 고백하며, 이러한 죄에 대해서 진정으로 회개하십니까?

셋째, 그대는 예수 그리스도께서 참되고 영원한 하나님이시고 동정녀 마리아의 살과 피로부터 참된 인성(人性)을 취하신 참인간이시며, 하나님께서 그대의 구주로 보내신 분이심을 믿으십니까? 그분을 믿음으로 그분의 보혈로 말미암아 그대의 죄가 씻겨졌음을 고백하며, 성령의 능력으로 예수 그리스도와 그분의 교회의 지체가 되었음을 고백하십니까?

넷째, 그대는 사도신경에 요약되어 있고 여기에 있는 이 그리스도의 교회에서 가르치는 구약과 신약의 교훈이 구원을 위한 참되고 완전한 교훈이라고 고백하십니까? 그대는 이 교회에서 가르치는 하나님의 말씀의 교훈에 열복(悅服)하며, 하나님의 은혜에 의지하여 살아서나 죽어서나 한결같이 이 교훈 가운데서 행하기를 서약하십니까? 그대는 이 그리스도의 교회의 교제 가운데서 인내하며 생활하고, 하나님의 말씀을 근실하게 경청하며 성례에 단정히 참석할 것을 서약하십니까?

다섯째, 그대는 그리스도와 그분의 교회의 회원으로서 신자다운 생활을 하며, 세상과 그 정욕을 버리고 오직 성령을 좇아 살기로 굳게 결심하십니까? 그대는 하나님의 교회의 살아있는 지체로서 교회의 거룩함과 화평을 위해 힘쓰며, 교회 전체의 사명을 이루는 데에 개인생활의 목적도 있다는 것을 알고 자기의 생애를 다 드려서 주님을 섬기기로 굳게 결심하십니까? 하나님께서 은혜로 그대를 지켜주시기를 바라지만, 혹시라도 그대가 교훈이나 생활에서 태만하거나 그르치는 일이 있으면, 그대는 교회의 권면과 권징(勸懲)에 기꺼이 순종할 것을 서약하십니까?

서약문답을 하고 나면 목사는 그에게 '수세'를 합니다. 우리가 알고 있듯이 성부와 성자의 성령의 이름으로 세 번 물을 머리에 부으면서 세례를 베풉니다. 우리는 굳이 기름을 사용할 필요는 없고, 물만 사용하면 됩니다. 침례교에서 하듯이 세례조에서 온몸이 물속에 푹 잠기면 좋겠지만 세례반에 담긴 물을 세 번 충분히 머리 위에서부터 흘러내리도록 해야 합니다. 이것을 통해 세례받는 이는 자신이 물속에 완전히 잠겼다고 생각해야 합니다. 세례를 베풀고 나면 목사가 '감사기도'를 하고 '공포'합니다. 세례교인이 된 것을 삼위 하나님의 이름으로 온 교회 앞에 공포합니다.

세례받은 사람은 서약문답을 했지만 자신의 표현으로 온 교회 앞에 신앙을 고백하고 '감사글'을 작성하여 읽는 것이 좋습니다. 온 교회는 그것을 통해 더 기뻐할 수 있고, 온 교회가 '축하'합니다. 교회가 준비하여 간단한 꽃다발이나 축하선물을 하면 좋겠습니다. 오후에는 온 회중이 함께 회원된 이를 축하하면서 기쁜 시간을 가질 수 있습니다. 불신자로 살다가 예수님 믿고 세례받는 것보다 더 큰 기적이 없기 때문입니다. 세례받은 것은 사람이 스스로 결단하여 믿고 싶어서 그 자리에 선 것이 아닙니다. 오직 하나님께서 은혜를 베풀어 주시고 믿음을 주셨기 때문입니다.

성찬식-회중은 식탁에서 그리스도를 먹고 마신다

성찬의 의의

성찬은 세례와 더불어 우리 기독교회의 두 성례 중에 하나입니다. 예수님은 잡히시기 전날 밤에 제자들과 함께 유월절 만찬을 가지면서 성찬을 친히 제정하셨습니다. 떡을 축복하시고 떼어 주시면서 '받아서 먹으라. 이것은 내 몸이니라'(마 26:26)라고 하셨고, 잔을 가지고는 감사기도를 하시고 제자들에게 그 잔을 돌리면서 '너희가 다 이것을 마시라 이것은 죄 사함을 얻게 하려고 많은 사람을 위하여 흘리는 바 나의 피 곧 언약의 피니라'(마 26:27-28)고 하셨습니다. 사도 바울은 복음을 전하여 교회가 세워졌을 때 주님의 이 말씀을 인용하면서 성찬식을 가지는 것이 '주의 죽으심을 그가 오실 때까지 전하는 것'(고전 11:26)고 했습니다.

교회는 성찬식을 통해 주님의 죽으심뿐만 아니라 살아나심, 그리고 하늘에 오르심, 우리를 위하여 성령을 보내심, 그리고 다시 오실 것에 동참할 수 있습니다. 웨스트민스터 대교리문답(168문)은 이 성찬식을 잘 정의했습니다.

"성찬은 예수 그리스도께서 명하신 바를 따라 떡과 포도주를 주고받음으로써 그의 죽으심을 보여주는 신약의 성례입니다. 성찬에 합당하게 참여하는 자들은 주님의 몸과 피를 먹고 마심으로 영적 영양분을 공급받고 은혜 가운데 자라며, 그들이 주님과 갖는 연합과 교제를 확신하고, 하나님을 향한 감사와 헌신뿐 아니라, 신비한 몸의 지체들로서 서로 나누는 사랑과 교제를 증거하고 새롭게 하는 것입니다."

세례에서는 물이 사용되지만 성찬식에서는 떡과 잔이 사용됩니다. 빵과 포도주가 사용됩니다. 초대교회에서는 예배 때 항상 성찬식을 행했습니다. 1부예배가 말씀예배였고, 2부예배가 성찬예배였습니다. 세례 준비자들은 말씀예배에 참석할 수 있었지만 2부예배인 성찬예배가 시작되면 그 자리를 떠나야 했습니다. 성찬예배는 오직 세례받은 신자들만 참여할 수 있었습니다. 이상하게도 로마가톨릭은 교인들에게 잔을 나누어주지 않았습니다. 이것은 화체설(化體說) 때문입니다. 떡과 잔이 그리스도의 살과 피로 바뀐다고 믿기 때문에 미사는 그리스도를 실제로 먹고 마시는 예식입니다. 입에 씹히는 것은 분명히 살이 아니라 빵이고, 목구

멍을 타고 넘어가는 것은 피가 아니라 포도주입니다. 그럼에도 불구하고 그리스도께서 제자들에게 떡과 잔을 나누어 주시면서 '이것은 내 몸이다', '이것은 너희를 위하여 흘리는 내 피다'라고 하셨기에 떡과 잔이 예수님의 살과 피로 실제로 바뀐다고 믿습니다. 그렇게 바뀌어야 성례가 될 수 있다고 믿는 것이지요. 잔이 그리스도의 피로 바뀌었으니 행여나 포도주를 마시다가 흘리면 그리스도의 피를 흘리는 것이 되니 신자들에게 나누어주지 않고 집례하는 사제가 홀로 잔을 다 마셨습니다. 종교개혁은 예배의 개혁이었는데, 신자들에게 떡만이 아니라 잔도 나누어주었습니다. 떡과 함께 잔도 나누어 준것이 종교개혁이었습니다.

떡과 잔은 그리스도의 살과 피로 바뀌지 않습니다. 그러면 성찬식은 하나의 예식에 불과할까요? 죽으신 그리스도를 기념하는 기념식(츠빙글리의 기념설[記念說])에 불과합니까? 우리의 기억이 성찬상을 의미있게 만드는 것입니까? 아닙니다. 성찬상에는 그리스도께서 실제로 임재하십니다. 어떻게요? 하늘에 계신 그리스도의 몸이 떡과 잔 위에, 가운데에, 아래에 함께 있기(루터의 공재설[共在說]) 때문이 아닙니다. 성령께서 임하셔서 그리스도께서 실제로 임재하게 해 주십니다(칼뱅의 실제적 임재설). 성찬상에는 그리스도의 임재가 충만합니다. 우리는 하나도 바뀌는 것이 없어도 전적으로 바뀐 것, 즉 그리스도의 살과 피를 먹고 마십니다. 그리스도는 떡과 잔을 통해 주님 자신을 온전히 주십니다. 우리는 성찬상에서 그리스도의 전부를 받을 수 있습니다. 그리스도를 먹고 마셨으니 이제 우리에게서 그리스도가 나타날 수밖에 없습니다.

성찬상은 그리스도의 십자가를 기억하면서 슬픔에 잠기는 예식이 아닙니다. 그리스도는 살아나셔서 성령을 보내셔서 신자와 함께하십니다. 성찬상에서 그리스도 자신을 계속해서 주고 계십니다. 우리는 제단이 아닌 식탁에서 그리스도를 먹고 마십니다. 이 상에서 우리는 그리스도와 하나 되고, 그 상에 참여한 모든 이들이 하나 됩니다. 이렇게 하나 됨을 누리는 식탁에 대한 이해의 차이로 인해 종교개혁자들이 갈갈이 찢기고 나뉘었다는 것이 너무나 안타까운 일입니다. 우리는 성찬의 상에 참여하여 하나 됨을 누릴 수 있습니다. 한 교회에서도 너무나 다른 성도들로 인해 갈등과 고통을 겪을 때가 많은데 성찬에 참여하면 그렇게 다른 성도들이 하나라는 것을 경험할 수 있습니다. 성찬에 함께 참여했음에도 불구하고 "나는 저 교인은 도무지 이해할 수 없고 받을 수 없다"고 말하면 안 됩니다. 그리스도께서 자격 없는 나를 받으셨듯이 성찬에 참여한 우리는 서로를 받아야 합니다.

성찬식 진행

로마가톨릭은 예배 자체가 미사, 즉 성찬식입니다. 우리 개신교회 예배는 설교가 중심을 차지하고 성찬식이 없을 때가 많습니다. 성찬식은 1년에 서너 차례 거행하는 것이 대부분입니다. 이것은 로마가톨릭에 대한 반동이기도 하지만 우리의 이해 부족에서 기인합니다. 공예배는 은혜의 방편인 말씀과 성례가 함께 있어야 합니다. 설교와 성찬이 함께 있어야 합니다. 그렇다면 우리 예배는 부족한 예배라고 말할 수 있습니다. 이에 성찬식을 자주 가지는 것이 좋겠습니다. 매주 행하는 것은 현실적으로 어렵기 때문에 최소 한 달에 한 번씩 가지는 것이 좋겠습니다. 성찬식을 가지는 것은 시간도 많이 들고, 불편하다고 생각할 수 있습니다. 특히 목사는 자신이 설교만 잘하면 충분히 은혜를 끼칠 수 있는데 굳이 불편하고 힘든 성찬식을 가지지 않아도 된다고 생각할 수 있습니다. 그렇지 않습니다. 순서는 말씀과 성례이지만 성례는 눈에 보이는 말씀이라는 종교개혁자들의 이해처럼 말씀을 우리 눈에까지 보여주니 너무나 생생합니다.

한 달에 한 번씩 성찬식을 가진다면 성찬식 전 주일부터 미리 광고하고 준비하도록 합니다. 전 주일에 설교를 통해 성찬식의 의미를 가르칠 수 있습니다. 그리고 성찬식이 있는 주일예배 설교도 성찬과 관련된 설교를 하고 바로 성찬식으로 이어 가면 됩니다. 성찬식을 진행할 때는 '개혁교회의 성찬예식문'을 그대로 읽어도 됩니다. 그 예식문에 성찬의 의미가 고스란히 담겨 있기에 그대로 읽으면서 성찬식을 진행하면 됩니다. 그 순서는 다음과 같습니다.

성찬 제정의 말씀 - 자기를 살핌 - 초청과 권면 - 목적(그리스도를 기념함) - 가르침(확신) - 교제 - 그리스도의 재림을 기다림 - 기도 - 신앙고백 - 권면 - 분병과 분잔 - 송영 - 감사기도

이 순서도 아주 깁니다. 성찬식이 있는 예배에서는 설교 없이 이 예식문만 읽고 진행해도 될 정도입니다. 성찬식이

있을 때마다 이 순서를 조금씩 조정해 가면서 진행하면 될 것입니다.

　한국교회는 일반적으로 미리 나눈 떡과 잔을 회중의 좌석으로 가지고 가서 나누어줍니다. 먼저 떡을 나누어주고, 그다음에 잔을 나누어줍니다. 유럽에서는 그리스도께서 제자들과 함께 상에 둘러앉아서 떡과 잔을 나누었듯이 상을 마련하여 초청하여 앉게 하고는 성찬식을 진행합니다. 회중의 규모에 따라 여러 번 나누어서 해야 할 것입니다. 이게 불편하다면 회중을 성찬상으로 초청하여 빙 둘러서게 해도 됩니다. 그러면 더더욱 하나 됨을 경험할 수 있을 것입니다. 장로는 목사를 도와서 둘러선 신자들에게 떡에 이어 잔을 바로 돌려서 먹고 마시게 하면 되니까요. 성찬식 절차 중에 분병과 분잔 전의 기도만 예를 들어 보겠습니다. 다음과 같이 기도합니다.

자비로우신 하나님 아버지,
우리가 이 성찬으로 주님의 사랑하시는 아드님 그리스도의
고통스러운 죽음을 복되게 기념하오니 성령께서 우리 마음에
역사(役事)하여 주시사 우리가 더욱더 진실하게 주님의 아드

님 예수 그리스도를 신뢰하게 하여 주시옵소서.

우리의 상하고 통회하는 마음을 예수님의 참된 몸과 피로, 하늘의 참된 양식이신 그분으로 먹여 주시옵소서. 그리하여서 우리가 다시는 죄 가운데 살지 않고 그리스도께서 우리 안에, 우리가 그분 안에 살게 하여 주시옵소서.

우리가 새롭고 영원한 언약, 그 은혜의 언약에 진정으로 참여하게 하여 주셔서 우리로 하여금 주님께서 영원히 우리의 자비로우신 아버지가 되심을 의심하지 않게 하여 주시옵소서. 자비로우신 아버지께서는 다시는 우리의 죄를 우리에게 돌리지 아니하시는 분이요, 우리를 주님의 사랑하는 자녀와 상속자로 삼아주셔서 우리의 몸과 영혼에 필요한 모든 것을 내려주시는 분이심을 굳게 신뢰하게 하여 주시옵소서.

우리에게 주님의 은혜를 내려주셔서 우리가 즐거이 자기의 십자가를 짊어지고서 자기를 부인하며 우리 구주를 고백하게 하여 주시옵소서. 모든 고난 가운데서도 머리를 들어서 우리 주 예수 그리스도를 바라보게 하여 주시고 우리 주님께서 하늘에서 다시 오셔서 우리의 낮은 몸도 주님의 영광스러운 몸과 같이 변화시켜 주시고 우리를 주님께로 영원히 데리고 가실 것을 기다리게 하여 주시옵소서.

우리 주 예수 그리스도의 이름으로 기도하옵나이다. 아멘.

로마가톨릭에서는 사제가 떡과 잔을 들어 올리는 순간
(성체거양)에 그것들이 그리스도의 살과 피로 변한다고 믿습
니다. 아주 신비스러운 순간이지요. 온 교인들이 그 장면을
뚫어지게 쳐다봅니다. 우리는 집례하는 목사가 한 떡과 한
잔에 참여한다(고전 10:16-17)는 것을 온 회중에게 나타내 보
여야 합니다. 목사는 떡을 높이 들어서 떼면서 말합니다.

"우리가 떼는 이 떡은 그리스도의 몸에 참여하는 것입니다.
이것을 받으시고 이것을 먹으십시오. 그리고 우리 주 예수 그
리스도의 몸은 우리의 모든 죄를 완전히 용서하여 주시려고
찢기셨음을 기억하고 믿으십시오."

또한 병을 높이 들고는 잔에 포도주를 따르면서 이렇게
말합니다.

"우리가 감사하는 이 잔은 그리스도의 피에 참여하는 것입니
다. 이것을 받으시고 이것을 마시십시오. 그리고 우리 주 예

수 그리스도의 보혈은 우리의 모든 죄를 완전히 용서하여 주
시려고 쏟으셨음을 기억하고 믿으십시오"

한 떡이 떼어지고, 한 병에서 잔으로 부어졌다는 것을 보
였으니 이제는 교인들이 떡과 잔을 받아서 먹고 마십니다.
이 성찬의 자리에 자녀들이 함께 참여해도 됩니다. 부모가
자녀에게 떡과 잔을 나누어주어서는 안되겠지만 그들이 지
켜보면서 성찬에 참여할 날을 사모하며 기다리게 될 것입니
다. 목사는 떡과 잔을 먹고 마시지 못해 아쉬워하는 자녀들
을 위해 축복기도를 해 주면 좋을 것입니다.

성찬식은 장례식과 같은 분위기가 아니라 잔치와 같은
흥겨움이 있어야 합니다. 자신을 돌아보면서 회개하는 것
과 함께 그리스도를 먹고 마시는 기쁨이 넘쳐나야 합니다.
부활하신 분이 친히 배설하시는 식탁에 참여하여 먹고 마시
기 때문입니다. 우리를 강건하게 하시기 위해 베풀어 주시
는 식탁이기 때문입니다. 보잘것없어 보이는 작은 떡과 잔
을 먹고 마시지만 우리는 영생의 참된 양식과 음료를 먹고
마십니다. 성찬상에서 참된 양식을 먹었으니 더 이상 세상
의 것으로 배고파 하지 않게 될 것입니다. 성찬상에서 참된

음료를 마셨으니 세상의 것으로 늘 갈증을 느끼며 살지 않게 될 것입니다. 이 복된 상이 하늘나라에서 베풀어질 어린양의 혼인잔치로 이어질 것을 알기 때문입니다. 우리는 끊임없이 성찬을 베풀고 그 복된 상에 참여해야 합니다. 세례로 태어난 신자는 성찬의 상에서 그리스도를 먹고 마시면서 하나님의 나라를 향해 가기 때문입니다.

Q. '은혜의 방편'이 무엇인지 말해 보고, 그 방편 중 하나인 성례가 왜 세례와 성찬뿐인지, 그리고 그 성례의 중요성을 말해 봅시다.

Q. 유아세례를 꺼리는 이들의 생각은 무엇일까요? 아무것도 모르고 고백을 할 수 없는 유아에게 세례를 베푸는 근거는 무엇일까요? 또한 그 아이가 자라서 입교하게 되는 과정을 말해 봅시다.

Q. 한국교회에 있는 독특한 신앙고백의 일종인 '학습'이 왜 필요한지 말해 보고, 학습 이후에 어떻게 세례를 준비해야 하는지, 그리고 성인세례식은 어떻게 진행하는지 말해 봅시다.

Q. 성찬의 요소인 떡과 잔에 대한 여러 가지 의견들을 비교해서 말해 보고, 그 성찬식이 실제적인 은혜의 방편이 되기 위해 필요한 것이 무엇일지 나누어 봅시다. 또한 성찬식에서 그리스도께서 실제적으로 임재하시는지, 그리고 그 성찬식의 유익이 무엇인지 말해 봅시다.

기독교 사용 설명서 8 │ 교회예식

제2장
임직과 은퇴

제2장
임직과 은퇴

하나님께서는 직분을 통해 교회를 세우십니다. 우리의 구원자시요 교회의 머리이신 예수 그리스도도 하나님께서 보내신 직분자입니다. 십자가에 달려 죽으시고 부활·승천 하신 직분자 그리스도께서는 교회에 직분자라는 선물을 내려주십니다. 그리스도께서는 하늘 아버지께 부탁하여 성령님을 보내주셨는데, 성령께서는 신자 개개인에게 은사를 주실 뿐만 아니라 그 은사를 공적으로 인정한 직분자를 선출하셔서 교회를 세우십니다. 직분이 교회 세움의 핵심이라는 말입니다. 직분이 아니고서는 교회가 그리스도의 몸으로 우뚝 설 수 없습니다(엡 4:12). 직분자는 교회를 이끌어 나가는 권력을 가지는 것이 아니라 머리이신 그리스도의 다스림을 대리합니다. 직분자는 신자 개개인, 그리고 회중 전체와 관계를 맺고 있습니다. 회중 가운데서 직분자가 선출되기는 하지만 직분자가 회중을 세웁니다. 직분자가 없이는 신자가 온전해질 수 없습니다(엡 4:12). 직분자가 그 직무를 잘 감당해야 신자가 온전해져서 이 세상에서 봉사의 일을 할 수 있습니다.

하나님께서는 교회에 각종 직분자를 세우십니다. 교회를 창설하기 위해 세우는 직분이 사도직이었습니다. 이제는 교회를 계속해서 유지하시기 위해 항상 존재하는 직분들이 있습니다. 그 직분이 바로 목사, 장로, 집사입니다. 이 세 직분을 통해 교회는 하나님의 백성, 그리스도의 몸, 성령의 집이 될 수 있습니다. 하나님께서 교회를 직접 통치하시는데, 공중에서 음성을 들려주시거나, 손가락으로 어디로 가라고 지시하시거나, 직접 나타나셔서 도우시거나 하지 않습니다. 하나님께서는 직분을 통해서 말씀하시고 다스리시며 긍휼을 베푸십니다. 직분은 눈에 보이지 않는 하나님을 나타내 보입니다. 교회에서 제일 중요한 일은 직분자를 어떻게 세우느냐 하는 것입니다. 구약시대에는 하나님께서 친히 직분자를 부르고 임명하시고 능력을 주셔서 일하게 하셨지만, 신약시대에는 회중의 투표를 통해 직분자를 세우십니다. 교회가 직분자를 선출하고 세우는 것이 임직이고, 그 직무를 끝내는 것이 퇴직입니다. 세상에서도 흔히 볼 수 있는 일이지만 교회에서의 임직식과 은퇴식이 얼마나 영광스러운 예식인지 살펴봅시다.

임직식-
하나님께서는 직분자를 공적으로 세우셔서 일하신다

목사 임직식, 목사는 말씀사역에 공적으로 부름받았다

목사는 한마디로 말해 '말씀사역자'라고 불립니다. 목사는 하나님의 말씀을 선포해야 하는 직무를 맡았다는 말입니다. 목사는 말씀만 선포하는 자가 아닙니다. 설교자에 불과한 것이 아니라는 말입니다. 목사는 예배 전체를 인도합니다. 목사는 예배 전체의 인도자로서 설교를 해야 하고, 성례를 집례해야 하고, 기도 인도를 해야 하고, 찬양 인도도 해야 합니다. 목사는 예배 전체를 잘 인도해야 합니다. 예배 순서 하나하나를 통해 하나님께서 자기 백성에게 찾아오시고, 주의 백성이 하나님께 나아가는 쌍방교통을 잘 인도해야 합니다. 목사는 예배에서 하나님을 대표하기도 하고, 동시에 회중을 대표하기도 합니다. 예배에서 목사의 역할이 얼마나 중요한지 알 수 없습니다. 목사가 될 이는, 즉 목사 후보생은 많은 것을 배워야 합니다. 설교하기 위해 성경말씀에 정통해야 하고, 성례를 집례할 준비도 잘 갖추어야 합니다. 성례, 특히 세례를 집례하기 위해서는 당사자들을 말씀으로 잘 교육할 수 있어야 합니다. 기도와 찬양을 인도해야 하니 기도와 찬양도 잘해야 합니다.

목사의 일이 예배 인도하는 것 하나냐고 할지 모르겠는데, 목사는 회중을 잘 인도해야 합니다. 개신교회에서는 목사를 제사장이라고 부르는 것이 아니라 목사, 즉 목자라로 부릅니다(벧전 5:1-4). 다윗은 왕이었지만 그는 이스라엘의 목자였습니다(겔 34:23-24). 다윗은 장차 올 목자를 미리 보여주는 역할을 했습니다. 그럴듯하지 않은 모습도 있었지만 말입니다. 목사는 다윗처럼 그리스도께서 자기 백성을 목양하시듯(마 9:36) 성도들을 잘 목양해야 합니다. 주님께서는 마지막 날에 이 목양에 대해 정산하실 것입니다.

목사로 임직하는 절차가 까다롭습니다. 우선 목사의 소명을 받은 이가 교회에 '추천'을 요구합니다. 교회는 그 사람이 말씀을 가르치는 은사가 있는지를 확인하고는 당회를 통해 추천합니다. 당회는 노회에 추천서를 보내어서 이 사람을 면담해 달라고 요청합니다. 노회는 그 추천서를 받아 당사자를 신중하게 면담한 후에 신학교에 추천합니다. 신학교는 이 목사 후보생을 받아 잘 '교육'합니다. 신학교가 목사 후보생을 교육하지만 노회는 이 기간 동안 계속해서 그를 '감독'할 책임이 있습니다. 노회는 목사 후보생을 계속적으로 면담하면서 신학공부 상황이며 경건생활 등을 파악합니다. 말씀사역자로 부적합하다고 생각되면 신학계속허락청원을 하지 않아야 합니다. 목사 후보생이 일정 기간의 신학교육을 수료하면 그는 '강도사고시'를 통해 말씀을 선포하는 자격을 얻게 됩니다. 이후 2-3년간의 목회실습을 통해 '목사고시'를 칠 수 있는 자격을 얻게 되고 그 고시에 합격하면 '목사안수'를 받을 수 있습니다.

장로교회에서는 목사의 신분이 개체교회가 아니라 노회에 있기 때문에 노회에서 목사임직을 주관합니다. 노회의 가장 중요한 역할 중에 하나가 목사를 제대로 세우는 것입니다. 목사를 제대로 세우고 교회로 파송해야 교회가 제대로 세워질 수 있습니다. 목사로 임직받기 위해서는 개체교회의 청빙이 있어야 합니다. 교회의 부름이 없이는 목사로 임직받을 수 없습니다. 개체교회의 청빙을 받으면 노회에서 목사 임직식을 가집니다. 장로교가 처음으로 자리를 잡은 스코틀랜드에서는 청빙한 교회로 가서 임직식을 가졌습니다. 노회가 열릴 때 목사 임직식이 있다면 너무나 기쁜 일입니다. 노회 회원이 한 사람 늘었다는 것이 기쁜 것이 아니라 교회를 세울 말씀의 사역자가 탄생하기 때문입니다.

목사 임직식에서 제일 중요한 순서가 서약과 안수입니다. 목사 임직식에서는 아래의 내용으로 '서약문답'을 합니다.

1. 구약과 신약성경은 하나님의 말씀이며, 신앙과 행위에 대하여 정확무오 한 유일의 법칙으로 믿습니까?

2. 본 장로회 교리표준인 신앙고백, 대교리문답과 소교리문답은 구약과 신약성경에서 교훈한 도리를 총괄한 것으로 알고 성실한 마음으로 믿고 따릅니까?

3. 본 장로회 관리표준인 교회정치, 권징조례와 예배지침을 정당한 것으로 승낙합니까?

4. 주 안에서 동역자 된 형제들에게 순종하기로 약속합니까?

5. 목사의 성직을 구한 것이 하나님을 사랑하는 마음과 그 독

생자 예수 그리스도의 복음을 전파하여 하나님의 영광을
나타내고자 하는 본심에서 나온 것으로 자인합니까?

6. 어떤 핍박이나 반대를 당할지라도 인내하고 충심으로 복
음의 진리를 보호하며, 교회의 성결과 화평을 힘써 도모하
여 근실히 사역하기로 작정합니까?

7. 신자이며 겸하여 목사가 되겠은즉 자기의 본분과, 타인에
대한 의무와, 직무에 대한 책임을 성실히 실행하여 복음을
영화롭게 하며, 하나님께서 그대에게 명하사 관리하게 하
신 교회 앞에서 경건한 모범을 보이도록 최선의 노력을 하
겠습니까?

서약 후에는 '안수'를 합니다. 고대교회에서는 안수가 그
직무를 수행할 성령님의 역사를 임하게 하는 것이라고 생각
했습니다. 안수식이 너무나 중요했던 것입니다. 주교가 안
수를 했습니다. 일반 사제는 안수할 수 없었습니다. 직분 외
에 직책을 세울 때는 안수하지도 않았습니다. 그냥 임명했
습니다. 이 안수가 성령님을 자동적으로 임하게 하는 것이
라고 생각해서는 안 됩니다. 안수가 필수적인 것은 아니지
만 안수는 그 직무를 위해 공적으로 행해졌다는 것을 분명

하게 보여주는 것입니다(딤전 4:14; 딤후 1:6). 안수받는 사람은 자신이 내적으로 소명을 받았을 뿐만 아니라 여러 가지 과정을 거쳐 외적으로 부르심을 받았다는 것을 계속해서 확인해 왔습니다. 이제 안수를 받음으로 하나님께서 자신을 이 목사직에 불러주시고 세워주셨다는 것을 최종적으로 확인합니다. 도장을 찍어주는 것에 비유할 수 있습니다. 노회 전체가 확인하고, 또한 그를 청빙한 교회 성도들이 함께 확인합니다. 이후에 목사는 목양에 여러 가지 어려움을 겪을 수 있고, 자신의 부르심에 대해 의심할 수도 있는데 자신이 받은 안수를 통해 다시금 목사직에 대한 확신을 새롭게 할 수 있습니다. 모든 신자는 '나는 세례받았다'고 외치면서 살아가야 하고, 모든 목사는 '나는 서약하고 안수받았다'고 외치면서 목양사역을 감당해야 합니다. 하늘에서 무슨 음성이 들리지 않아도, 안수받을 때 마음에 뜨거운 불이 임하지 않아도 너무나 형식적으로 보이는 안수를 통해 자신의 부르심을 확인할 수 있습니다.

목사가 임직할 때 장로가 안수할 수 있을까요? 장로의 회(딤전 4:14)에 지금의 장로까지 포함되었느냐에 달려 있을 것입니다. 일반적으로는 노회장이 목사 중에서 선정한 임직위원과 노회의 대표자들이 안수에 참여합니다. 후보자를 무릎 꿇게 하고는 그 머리 위에 손을 얹고 안수합니다. 이때 노회장은 그를 위해 기도하면서 다 같이 안수합니다. 안수가 끝나고 나면 임직위원들과 '악수례'를 합니다. 임직위원만이 아니라 노회의 모든 회원들과 함께 악수를 나눕니다. 축하한다는 인사가 오가지만 이 악수례는 단순한 인사가 아니라 '우리와 함께 거룩한 사역에 참여하게 되었으니 교제의 악수를 청합니다'(갈 2:9)라는 의미를 담고 있습니다. 이제 노회장은 '공포'합니다.

"○○○ 씨는 대한예수교 장로회 ○○○○노회 목사 된 것을 내가 성부와 성자와 성령의 이름으로 공포합니다. 하나님의 은총 베푸심과 그리스도의 은혜와 성령이 충만하기를 기원합니다. 아멘."

공포 후에 임직위원이 임직받은 목사를 향해 '권면'합니다.

목사 위임식

목사 위임식(委任式)이라는 것이 있습니다. 교회가 청빙을 해서 목사안수를 받았는데, 위임식이라는 것을 왜 합니까? 이것은 장로교회의 독특한 예식인데 당회(목사 1인, 장로 최소 1인)가 구성되면 그 개체교회로부터 청빙받은 목사에게 교회를 위임, 즉 맡기는 것입니다. 이것은 목자장이신 그리스도께서 노회를 통해 청빙받은 목사에게 교회를 목양하도록 위임하는 것입니다. 이때부터 그 목사는 교인들과 목양적 관계에 들어가게 됩니다. 당회, 즉 치리회가 구성된 교회라야 위임목사를 청빙할 수 있습니다. 위임목사는 평생 그 교회를 목회하겠다고 하는 것이라고 생각하기도 하는데, 법적으로는 3년 안에 타교회로부터 청빙을 받을 수 없고, 시무장로가 없어져서 당회가 없어지면 자동적으로 전임목사로 돌아갑니다. 위임목사 청빙 절차는 다음과 같습니다.

개체교회에서 당회가 구성되면 목사를 위임목사로 청빙하기 위해 모든 세례교인들의 회의인 '공동의회'를 소집합니다. 공동의회에서 2/3 이상의 찬성이 나오면 '청빙서'를 작성하여 시찰회를 경유하여 노회에 '청원'합니다. 노회가 살펴보고 이것을 허락하면 노회가 주관하여 그 개체교회에서 '위임식'을 거행합니다.

노회가 주관하여 위임식을 거행할 때 청빙받은 목사는 자신이 교인들과 목양적 관계에 들어선다는 것을 분명하게 '서약'(1.청빙서를 받을 때에 원하던 대로 이 교회의 목사직을 담임하기로 작정합니까? 2. 이 직분을 받는 것은 진실로 하나님께 영광을 돌리며, 교회를 유익하게 하고자 함이니 이를 본심으로 작정합니까? 3. 하나님의 도와주시는 은혜를 받는 대로 이 교회에 대하여 충심으로 목사의 직무를 다하고, 범사에 근신 단정하여 그리스도의 복음사역에 부합하도록 행하며, 목사로 임직하던 때에 승낙한 대로 행하기를 맹세합니까?)해야 하고, 교인들도 서약(1. ○○○교회 교우 여러분은 목사로 청빙한 ○○○ 씨를 본 교회 위임목사로 받습니까? 2. 여러분은 겸손하고 사랑하는 마음으로 그의 교훈하는 진리를 받으며, 치리를 복종하기로 승낙합니까? 3. 목사가 수고할 때에 위로하며, 여러분을 가르치고 인도하며 신령한 덕을 세우기 위하여 진력할 때에 도와주기로 작정합니까? 4. 여러분은 저가 본 교회 목사로 재직 중에 한결같이 약속한 그 생활비를 어김없이 지급하며, 주의 도에 영광이 되고 목사에게 안위가 되도록 모든 요긴한 일에 도와주기로 맹세합니까?)합니다. 서약이 끝나면 위임국장이 위임목사가 된 것을 '공포'하고, 위임위원이 위임목사와 교회에게 각각 '권면'한 후 강복선언으로 위임식을 마칩니다.

장로(집사) 임직식,
장로는 다스림을 위해, 집사는 긍휼을 위해 공적으로 세워졌다

교회에는 목사만이 아니라 장로와 집사도 있어야 합니다. 목사, 장로, 집사. 이 세 직분을 '항존직'(恒存職)이라고 부릅니다. 평생직이라는 뜻이 아닙니다. 교회에 항상 존재해야 하는 직분이라는 말입니다. 세 직분이 계속 존재해야 교회가 교회다울 수 있다는 말입니다. 어느 한 직분이라도 부족하면 문제가 생길 수 있다는 말입니다. 물론, 목사직이 무엇보다 중요합니다. 목사는 다른 모든 직무를 한꺼번에 다 가지고 있는 직분이라고 말할 수도 있습니다. 그럼에도 불구하고 세 직분이 다 중요합니다. 직무가 다 다르기 때문입니다. 개척교회의 경우에는 이 세 직분이 다 갖추어져 있지 못하기도 합니다.

임직 순서도 중요합니다. 목사와 장로가 먼저 세워져야 합니다. 목사와 장로가 함께 세워져야 치리회가 구성되기 때문입니다. 이렇게 치리회인 당회가 구성된 교회를 '조직교회'라고 부릅니다. 목사와 장로가 없으면 미조직교회가 됩니다. 치리회가 구성되면 집사도 세워야 합니다. 그래야 교회가 직분으로 인해 제대로 설 수 있기 때문입니다.

장로(長老)는 말 그대로 나이든 사람을 가리킵니다. 수염이 난 사람을 가리키기도 합니다. 장로를 '다스림의 사역자'라고 부릅니다. 구약시대 때부터 이스라엘에 장로들이 있었고, 그들은 어른이었을 뿐만 아니라 재판장의 역할(룻 4:2)까지 했습니다. 이 직분은 신약시대까지 이어져 왔습니다. 산헤드린 공의회를 '장로들의 회'라고 부르기까지 했습니다. 신약교회에서는 이 장로를 '감독'(監督)이라고 부르기도 합니다(행 20:28). 그런데 로마가톨릭은 감독을 장로와 다른 직분이라고 생각합니다. 위계질서를 세웠습니다. 집사 위에 장로, 장로 위에 감독이 있다고 봅니다. 지금도 감독제도를 유지하고 있는 교회들이 있습니다. 대표적인 것이 로마가톨릭이고, 영국성공회나 감리교회가 감독제도를 유지하고 있습니다. 우리는 장로가 감독하는 일을 하는 자, 즉 다스리는 사람들이라고 봅니다. 그리스도께서 감독인 장로를 세우셔서 교회를 친히 다스리십니다. 교인들은 장로들을 통해 그리스도께서 자신을 친히 다스린다는 것을 경험할 수 있습니다.

집사(執事)는 '긍휼의 사역자'라고 부릅니다. 오순절에 성령께서 강림하시고 사도들이 복음을 전하자 믿는 이들이 많아졌습니다. 그 믿는 이들 중에 과부들이 많이 있었는데, 그들을 구제하는 일에 너무나 많은 시간과 정력이 요구되었습니다. 이에 사도들은 자신들이 기도와 말씀에 전념해야 하기에 구제를 위한 직분자를 세웠습니다. 그들은 식탁의 봉사를 담당했습니다. 이들이 집사입니다. 집사는 교회 내에 가난하고 소외된 자들이 없는지 돌아보아야 합니다. 초대교회 때에 이 집사들이 가난한 자를 구제하는 일을 많이 했기 때문에 교회가 명성을 얻었습니다. 종교개혁시대에도 개혁자 칼뱅 같은 경우에 제네바에 난민들이 몰려들자 구빈원을 세워서 집사들이 봉사하게 했습니다. 이렇게 집사직은 복지를 담당했습니다.

장로와 집사도 선출하고 임직해야 합니다. 자원하는 사람이 있다고 그 직무를 그냥 맡겨서는 안됩니다. 교인들이 선출하여 임직을 해서 그 직무를 담당하게 해야 합니다. 장로의 경우에는 일반적으로 교인 30명에 한 명을 세웁니다. 장로의 자격으로는 디모데전서 3장과 디도서 1장에 나와 있는 자격 조건을 고려해야 하고, '40세 이상 65세 이하의 남자 세례교인으로 무흠하게 7년을 경과한 자'(교회정치 제65조 1항)라야 합니다. 장로의 경우에는 몇 명을 증원하기를 원한다고 노회에 '청원'하여 허락을 받은 후 선출을 위한 작업을 진행해야 합니다. 치리회가 주관하여서 2배수 정도의 후보자를 내고 기도하면서 '공동의회'를 통해 선출합니다. 선출된 이는 6개월 동안 '직무교육'을 받아야 하고 그 후에 노회에서 실시하는 '장로고시'를 통과해야 합니다. 장로고시를 통과하여 노회에 보고가 이루어지고 나면 개체교회에서 '임직식'을 거행하면 됩니다. 담임목사가 주관하되 시찰회 위원들을 임직위원으로 초청하여 임직식을 거행합니다. 집사의 경우에는 '35세 이상 65세 이하의 남자 세례교인으로 무흠하게 5년을 경과한 자'(교회정치 제76조 1항)라야 합니다. 집사의 경우는 개체교회에서 필요한 명수를 정하여 자체적으로 선출을 위한 과정을 밟으면 됩니다. 선출 후에는 역시 직무교육을 하고 난 다음에 치리회에서 자체적으로 시험을 본 후에 임직식을 거행합니다.

장로와 집사의 임직식에서도 '서약문답'과 안수가 있습니다. 장로와 집사에게 묻는 것이 각각 다릅니다. 참고로 유럽 개혁교회에서 면면이 이어져 내려오는 문답을 소개해 보겠습니다. 먼저 장로와 집사에게 동일한 질문입니다.

첫째, 여러분은 하나님께서 친히 주님의 회중을 통하여서 이 직분으로 불러주셨다고 마음으로 확신하십니까?

둘째, 여러분은 구약과 신약이 하나님의 유일한 말씀이고 구원을 위한 완전한 교훈이라고 믿습니까? 여러분은 이 교회의 신앙고백서와 요리문답서를 성경에서 가르치는 교훈을 요약하는 것으로 진심으로 받아들이고 채택하십니까? 성경과 어굿나는 모든 교리를 여러분은 거부하십니까?

다음으로 장로와 집사에게 다른 세 번째의 문답이 있습니다. 장로에게는 묻습니다.

셋째, 여러분은 이 직분의 의무를 신실하게 수행하기로 약속하십니까? 장로 여러분은 교회를 다스리고 목양하는 일에서 자기의 직분을 경건한 생활로 영광스럽게 장식할 것을 서약하십니까? 여러분이 교리나 생활에서 태만하게 된다면 교회가 집행하는 권징을 받아들일 것을 또한 약속하십니까?

집사에게는 이렇게 묻습니다.

셋째, 여러분은 이 직분의 의무를 신실하게 수행하기로 약속하십니까? 집사 여러분은 자비를 베푸는 일에서 자기의 직분을 경건한 생활로 영광스럽게 장식할 것을 서약하십니까? 여러분이 교리나 생활에서 태만하게 된다면 교회가 집행하는 권징을 받아들일 것을 또한 약속하십니까?

이 셋째 문답은 장로와 집사의 직무를 정확하게 규정하고 있는 질문이요, 그 직무를 제대로 감당하겠냐고 묻는 것입니다. 교인들에게도 문답을 합니다. 교인들은 다 일어나서 문답을 해야 합니다. "○○○교회 회원들이여 ○○○씨를 본 교회 장로(집사, 권사)로 받고 성경과 교회정치에 가르친 바를 따라서 주 안에서 존경하며 위로하고 복종(집사와 권사에게는 "협조"로)하기로 맹세합니까?"

문답이 끝나고 나면 장로와 집사에게 '안수'합니다. 항존직이기 때문에 안수합니다. 임직위원들이 안수합니다. 권사의 경우에는 안수하지 않습니다(고신교회의 경우). 안수 후에는 '악수례'를 하고 공포합니다. 그리고는 안수받은 직분자와 교인들을 향해 각각 '권면'한 후 강복선언으로 마칩니다. 이제 목사와 장로와 집사는 함께 교회를 섬길 수 있습니다. 교회에는 한 직분만, 그리고 단수의 직분자만 있는 것이 아니라 여러 직분, 그리고 여러 명의 직분자가 함께 섬기면서 교회를 세웁니다. 세 직분이 동일하게 다 필요합니다. 그래야 교회가 세워지고 성도들이 온전해질 수 있습니다.

취임식,
교회를 이명한 경우에는 새롭게 취임하여 직무를 감당한다

직분은 개체교회를 섬기기 위해 세웁니다. 직분은 구체적인 직무를 위해 세웁니다. 직무가 없는 직분이 있을 수 없습니다. 교회에는 명예직이 있을 수 없습니다. 수행해야 할 직무가 없는데 직분을 줄 수 없습니다. 개체교회를 섬기기 위해 세워진 직분자가 그 개체교회를 떠나면 그의 시무는 종료됩니다. 어떤 직분자가 다른 교회로 이명하게 되면 직분은 그대로 존속하지만 그는 그 교회에서 시무할 수 없습니다. 그가 이명한 교회의 회중이 그를 시무를 위해 선출하지 않았기 때문입니다. 즉 무임(無任)이 됩니다. 이명한 교회에서 무임장로, 무임집사가 됩니다. 무임장로가 시무하기 전이라도 교회의 필요가 있다면 당회의 결의로 '협동장로'로 세울 수 있습니다. 이 직무를 위해서는 따로 투표할 필요가 없고, 당회와 제직회에 참석하여 발언권을 가집니다.

개체교회가 그 무임직분자의 봉사가 필요하다고 판단되면 공동의회를 통해 그의 무임을 시무로 바꿀 수 있습니다.

무임장로가 다시 시무하고자 하면 등록한 후 3년 이상 경과한 후, 그 당회의 결의로 노회 허락을 받아 공동의회에서 투표수 3분의 2 이상의 득표를 얻어 취임을 하여야 합니다(교회정치 제70조 2항).

3년의 경과를 요구한 것은 장로의 중요성 때문에 온 교인이 일정한 기간 동안 그를 잘 살펴보아야 한다는 것을 말하는 것이고, 투표수 3분의 2를 요구한 것은 모든 직분에게 요구되는 엄격함을 보여줍니다. 이 투표는 여러 후보를 두고 선출하는 것이 아니라 그 개인에 대한 선택투표, 즉 찬반투표입니다. 장로의 경우에는 당회원, 그리고 노회원이 되는 것이기 때문에 개체교회의 결정만으로 그의 시무가 가능한 것이 아니라 노회에 청원하여 허락을 받아야 합니다. 집사의 경우를 보겠습니다.

'무임집사가 다시 시무하고자 하면 당회의 결의를 거쳐, 공동의회에서 투표수 3분의 2 이상의 득표를 얻어 취임을 하여야 한다'(교회정치 제 81조 2항)

집사의 경우에는 몇 년이 경과해야 한다는 것을 규정하

고 있지 않고 개체교회의 당회가 결정하여 진행하면 됩니다. 집사직이 장로직보다 하위직이라고 생각해서는 안 됩니다. 항존직의 중요성 때문에 요구되어지는 투표수는 같습니다.

장로든지, 집사든지 공동의회를 통과하면 그는 이미 타 교회에서 임직을 받았기 때문에 다시 임직할 필요없이 '취임'을 하면 됩니다. 타 교단 장로가 이명하고 전입 온 경우에는 한 가지가 더 필요합니다. 노회의 '시취'를 거쳐야 합니다. 장로단, 즉 치리회의 하나 됨을 위해서 이것이 너무나 중요합니다. 교단마다 고백과 교회정치가 다르기 때문입니다. 취임식은 주일예배 시간에 하면 됩니다. 취임식이기 때문에 다시 안수는 하지 않습니다. 온 교회는 그의 취임을 기뻐하면서 교회가 더 많은 직분자를 통해 든든히 세워질 것을 기대하면서 감사합니다.

사임(사직)과 은퇴식
직원은 사임(사직)할 수 있고, 정년이 있다

스코틀랜드 장로교회의 역사를 보면 목사의 경우에는 은퇴라는 것이 없고, 그가 직무를 수행할 수 있을 때까지 평생 직분자로 생활했습니다. 요즘에는 대부분 정년을 정해 두고 있습니다. 직분자의 정년은 주로 70세입니다. 현대인들의 평균연령이 높아지고 있기 때문에 정년을 더 늘일 수도 있을 것입니다. 70세가 정년이라는 것이 절대적인 것이 아니기 때문입니다. 하지만 이것은 신중하게 결정해야 할 것입니다.

정년이 되지 않았다고 하더라도 직분자가 시무를 쉬거나 그 직무를 종료시킬 수 있습니다. 그것을 사임, 혹은 사직이라고 부릅니다. '사임'은 맡은 직무를 그치는 것입니다. 목사의 경우에 사임하고자 하면 노회에 사임서를 제출하여야 하고, 노회는 그 이유를 조사한 후에 이유가 충분하다고 판단되면 사임을 승낙합니다(교회정치 제58조 1항). 자유사임이 아니라 목사의 시무가 곤란할 때 노회가 목사와 교회의 설명을 청취한 후에 권고사임을 받을 수 있습니다. 장로와 집사의 경우에는 개체교회의 당회에 청원하여 자유사임하거나, 교인의 태반이 그 시무를 원치 않을 때는 당회에서 3분의 2의 결의로 권고사임할 수 있습니다(교회정치 제74, 83조). '사직'은 그 직 자체를 끝내는 것입니다. 사직을 하면 더 이상 직분자가 아닙니다. 목사의 경우에 자유사직하려고 하면 노회에 사직원을 제출하여야 하고 노회는 신중하게 심사하여 처리합니다. 또한 목사가 그 직무에 합당한 자격을 상실했거나 심신이 쇠약하거나 정당한 이유 없이 5년간 시무를 하지 않으면 권고사직하게 합니다. 목사가 자기 교단을 이탈하면 '제적'하고, 이단 종파에 가입하면 '면직'합니다(교회정치 제60조). 장로 사직의 경우에는 교인들 태반이 그 장로의 시무를 원치 않을 때 공동의회에서 3분의 2 이상으로 결정합니다. 집사의 권고사직의 경우에는 당회에서 3분의 2 이상으로 결정할 수 있습니다.

사직된 자가 그 직을 회복하려면 절차를 거쳐야 합니다. 목사의 복직은 노회에서 처리합니다. 시무처가 다른 목사 3인의 추천서를 첨부하여 복직청원서를 내면 노회는 사직 이유가 충분히 해소되었는지 살핀 후 노회원 재적 3분의 2이상의 찬성으로 복직을 허락합니다(교회정치 제61조). 복직이 허락되면 임직할 때처럼 '서약'을 해야 합니다. 사직한 경우에는 그 서약을 파기했다고 보기 때문입니다. 장로와 집사의 복직은 소속 당회에 복직청원서를 제출하고 그 사직 이유가 충분히 해소되었다는 것을 확인한 후에 당회 결의로 노회 허락을 받아 공동의회에서 투표수 3분의 2 이상 득표로 복직됩니다(교회정치 제75, 84조). 이 역시 임직 때와 같이 서약해야 합니다. 집사의 경우에는 당회의 결의를 거쳐 공동의회에서 처리합니다.

직분에 정년이 있지만 시무 시에 임기를 정할 수 있고, 휴무를 할 수 있습니다. 목사는 이 직무를 위해 오랜 기간 동안 준비했고, 교회를 위해 전적으로 봉사하겠다고 했기 때문에 임기제를 적용할 이유가 없습니다. 단지 휴무하는 기간을 가질 수 있습니다. 건강의 이유나 신학연구 등의 이유로 일정한 기간 동안 휴무할 수 있습니다(교회정치 제62조). 소위 말하는 안식년을 가지는 것은 신중하게 생각해야 할 것입니다. 장기간 교회 시무를 하지 않는 것이 자신에게나 교회에 큰 유익이 없을 것이기 때문입니다. 장로나 집사의 경우는 다릅니다. 장로의 경우에는 본인의 일을 하면서 교회 직무를 감당하는 것이 쉽지 않기 때문에 윤번 시무규례를 만들어서 시행할 수 있습니다. 휴무 기간에 장로의 공적 직무는 수행하지 않지만 장로의 직위는 계속됩니다.

교회 직분은 종신직이 아니기에 은퇴할 때가 있습니다. 정년은 앞에서 언급했듯이 주로 만 70세입니다(교회정치 제32조). 교회 직원이 정년 전에 은퇴하여 은퇴직을 부여받고

자 하면 만 60세 이상이 되어야 합니다(교회정치 제73조). 이렇게 은퇴하고 나서는 다시 복직할 수 없습니다. 목사는 소속 노회의 허락이 있어야 하고, 다른 직분은 소속 당회의 허락이 있어야 합니다. 교회는 은퇴한 분들을 위해 조촐하게 은퇴식을 가질 수 있습니다. 목사는 노회 소속이기에 노회에서 은퇴식을 가질 수 있습니다. 은퇴는 말 그대로 그동안 수행했던 모든 직무를 내려놓는 것입니다. 은퇴식은 임직식과 함께 생각해야 합니다. 하나님께서 그동안 그 직원을 통해서 교회 일을 하게 하셨는데 이제는 다른 직분자를 통해 그 일을 계속하게 하셔야 하기에 임직식이 있어야 합니다. 교회는 은퇴식을 전후하여 임직식이 있기를 구해야 할 것입니다.

Q. 직분의 역할은 무엇입니까? 항존직이라는 것은 무엇입니까? 하나님께서 직분을 통해서 교회를 세우신다는 말이 무슨 뜻인지 나누어 봅시다.

Q. 목사의 직무는 무엇이며, 어떤 과정을 거쳐 그 직무를 맡을 수 있는지 임직식에까지 이르는 과정을 말해 봅시다. 위임식이라는 것은 무엇인지 말해 봅시다.

Q. 장로와 집사의 직무가 무엇인지 말해 보고, 임직식에서 서약과 안수의 중요성을 말해 봅시다. 이명을 했을 때 그 직분이 어떻게 되는지 말해 봅시다.

Q. 직분자, 즉 목사 · 장로 · 집사가 어떤 경우에 사임 혹 사직하게 되는지, 그리고 각 직분의 휴무와 은퇴에 관해 말해 봅시다.

제3장
교회설립

제3장
교회설립

하나님께서는 이 땅에 교회를 세우셔서 구원의 역사를 이루어 가십니다. 인류의 타락 이후에 하나님께서 국가와 교회라는 두 기관을 세우셔서 일하십니다. 국가는 악을 제어하고 선을 권하기 위해서 세워졌습니다. 국가는 칼의 권세를 가지고 있습니다. 교회는 영적인 기관입니다. 하나님께서 택하신 백성을 구원하기 위해 교회를 세우셨고, 그 교회를 통하여 구원받은 주의 백성들이 이 세상으로 나가서 하나님의 나라를 세워 갑니다. 교회는 구약시대부터 있었는데 지금까지 계속되고 있습니다. 마지막 날까지 교회는 존속할 것입니다. 교회는 인간이 세운 어떤 단체가 아니라 삼위 하나님께서 친히 세우신 기관입니다. 하나님께서는 교회에 직분자를 세우셔서 하나님 자신의 뜻을 분명하게 나타내십니다. 직분자들은 예배를 인도하면서, 말씀을 선포하고 성례를 집례하면서 하나님의 은혜를 온전히 나타내며, 하나님과 그 백성이 교통할 수 있도록 합니다.

몇몇 교인들이 모여서 교회 간판을 내건다고 교회가 되는 것이 아닙니다. 이단과 사이비들도 교회라는 간판을 달고 있으니까요. 교회를 설립하는 데는 절차가 있습니다. 이에 교회를 설립하는 절차를 잘 알아야 하고, 교회설립식을 가져야 합니다. 안타깝지만 어떤 경우에는 그 교회가 폐쇄되기도 합니다. 연약한 두 교회가 합병하기도 합니다. 이것을 신중하게 해야 할 것입니다. 교회는 한 번 세워 보았다가 안되겠다 싶으면 그냥 문을 닫아서는 안 됩니다. 개체교회가 교회명을 바꾸고, 예배 장소를 옮기는 것도 노회의 허락을 받아야 합니다. 하나님의 백성들이 모이는 건물도 중요합니다. 교회는 '하나님의 백성들의 공동체'이기 때문에 모일 공간이 필요하기 때문입니다. 온라인상으로만 모였다가 흩어지는 것을 교회라고 볼 수 없습니다. 개체교회 교인들이 모이는 예배당을 성전이라고 부를 필요는 없지만, 예배하고 성도의 교제를 누리는 장소가 필요합니다. 교회 역사는 예배당의 역사라고 할 수 있을 정도로 예배당을 지어 왔습니다. 이 예배당을 봉헌하는 예식도 살펴보려고 합니다.

예배당 봉헌식
하나님의 백성이 모이는 복된 장소를 구별해 드린다

우리는 예배당을 흔히 성전이라고 부르는데, 성전은 없어졌습니다. 그리스도께서는 자신의 몸을 성전이라고 하셨고(요 2:21), 이제 하나님의 백성의 모임이 성전이 됩니다(고전 3:16). 신자는 자신의 몸을 하나님이 기뻐하시는 산 제물로 드릴 수 있어야 합니다(롬 12:1). 초대교회는 성전에서 예배하다가 쫓겨나서는 성도의 집에서 모여서 예배하기 시작했습니다. 이것을 가정교회라고 부르기보다는 '가옥교회'라고 부르는 것이 좋을 것입니다. 교회가 자체적인 예배당 건물을 가지지 못했기 때문입니다. 핍박 시에는 산이나 들에서 예배하기도 했고, 심지어 무덤에서 예배하기도 했습니다. 핍박이 끝나고 로마제국이 기독교를 공인하면서 자체의 건물을 가지기 시작합니다. 아이러니하게도 최초의 교회건물은 순교한 이들의 무덤 위였습니다. 그 무덤 위에 건물을 짓고는 예배했습니다. 로마의 바실리카라고 부르는 직사각형 형태의 다목적 집회시설을 예배당으로 사용하기도 했습니다. 고대교회는 순교가 교회의 모습을 분명하게 보여준다고 생각했기에 직사각형 건물의 종방향으로 교차하는 공간을 늘여 트란셉트라는 곳을 만들어 그곳에 순교자 기념시설을 두었습니다. 그래서 예배당은 위에서 내려다보았을 때 십자가 모양이 되었습니다.

이후에 예배당은 다양한 모습으로 발전해 갑니다. 바실리카 같은 직사각형의 선형구조도 있었지만 반원형의 돔을 건물 중간에 얹은 중앙집중형 구조도 만들었습니다. 중세시대가 되면 이교도들의 침입이 있기도 했고 하나님이 우리의 요새라는 것을 드러내기 위해 육중한 성채와 같은 로마네스크양식의 건물을 짓습니다. 이후에는 하나님을 향해 비상하는 신앙을 드러내기 위해 하늘을 찌를 듯한 뾰족탑을 만들었습니다. 이것은 벽체를 얇게 하고 창문을 크게 만드는 기술을 개발했기 때문에 가능했습니다. 이제 예배 공간은 하늘로 비상할 뿐만 아니라 거대한 스테인드글라스 창문을 통해 그 넓은 공간에 사방으로 천상의 빛이 쏟아져 들어왔습니다. 이렇게 예배 공간은 신앙의 표현일 뿐만 아니라 하나님께서 자기 백성에게 찾아오시는 복된 공간, 천상을 경험하는 공간이 되었습니다.

지금도 예배당을 짓는 것이 필요합니다. 이때 예배당을 화려하게 지을 필요가 없습니다. 중요한 것은 그 공간이 다른 공간과 하나도 다르지 않지만 하나님의 백성들이 모여 예배하는 곳이기에 구별된 공간이 된다는 사실입니다. 예배 공간을 어떻게 구성하느냐 하는 것이 곧 우리의 믿음과 고백을 드러내기도 합니다. 은혜의 방편인 말씀과 성례가 가구를 통해서 예배당 안에 제자리를 잡아야 합니다. 로마 가톨릭은 성찬상을 제단이라고 해서 예배당 가장 끝 쪽에 울타리를 쳐서 그 안에 들여놓았습니다. 신앙의 목표가 바로 이 제단에 있다는 것을 잘 드러내었습니다. 종교개혁자들은 그 제단을 식탁으로 바꾸어서 회중 가까이 자리 잡게 했습니다. 제단이 있던 자리를 훨씬 더 높여서 계단을 올라가서 설교하도록 설교단을 놓았습니다. 또한 우리는 성찬상 옆에 세례조를 놓으면 좋겠습니다.

이제 예배당 건축과 관련된 예식을 살펴보겠습니다. 지금도 그렇지만 한국교회는 예배당이 특별하다고 생각해서 기공식, 입당식, 헌당식을 구분하여 진행했습니다. 기공식은 예배당을 지을 터 위에서 이제 건축이 시작된다는 것을 알리면서 감사하는 예식입니다. 입당식은 예배당이 다 지어져서 예배하기 시작할 때 하는 예식입니다. 헌당식은 대외적으로 이 건물을 하나님께 봉헌하는 예식입니다. 예배할 장소를 허락하신 것에 대해 감사하고, 하나님께서 이 장소를 사용하셔서 자기 백성에게 복을 주시기를 바라고, 이 장소에 믿지 않는 자들마저 나아와 구원받고, 복음을 선포하여 하나님께 영광을 돌리는 장소가 되기를 구하는 예식입니다.

입당과 더불어 헌당을 겸한 예배당 봉헌예식은 주일이나 평일에 예배의 형식을 갖추어서 진행하면 됩니다. 노회의 목사들을 초청해서 순서를 맡기는 것이 좋을 것입니다. 집례하는 담임목사가 다음과 같이 개식사를 합니다.

그리스도 예수 안에서 사랑하는 성도 여러분, 하나님은 우리가 하나님을 예배하는 처소를 건축하는 것을 기뻐하셨고, 우리가 그 뜻을 받들어 이 일을 수행하여 마침내 완공하게 되었습니다. 이제 이 예배당을 봉헌하는 시간입니다. 우리가 이 예배처소를 사용할 때 하나님께서 복 주시도록 간구합시다. 이곳에서 순전한 사도적인 교훈이 선포되고, 복음의 거룩한 질서가 지켜지도록 구합시다. 성령께서 이곳을 출입하는 모든 자들의 생활에 역사하시도록 간구합시다.

이후의 순서는 예배에 준하여 진행하면 됩니다.

찬송 – 예배당과 관련한 교독 – 기도 – 성경봉독 – 설교 – 찬송 – 건축경과 보고 – 봉헌 공포 – 축사 – 강복선언

봉헌공포는 다음과 같이 하면 됩니다.

대한예수교 장로회 ○○○교회 교우 일동이 예배하고 드나들 이 예배당이 하나님께 온전히 봉헌된 것을 내가 성부와 성자와 성령의 이름으로 선포하노라. 아멘.

예배당 봉헌예식을 할 때 예배당 건축을 위해 수고한 이들에게 감사를 표할 수 있습니다. 잊지 말아야 할 것은 예배당 건물은 말 그대로 건물에 불과하다는 사실입니다. 제자들이 성전의 화려함에 대해 자랑했을 때 주님께서는 그 성전이 돌 위에 돌 하나도 남지 않고 무너질 것이라고 하셨습

니다(눅 21:6). 하나님께서 이 복된 장소를 사용하셔서 주의 백성들이 주님의 집으로, 주님의 몸으로 아름답게 지어져 가게 해 달라고 구해야 할 것입니다(엡 4:15-16).

교회설립식
교회는 삼위 하나님께서 친히 설립하신다

이 땅에는 교회가 계속해서 필요합니다. 우리는 계속해서 교회를 설립해야 합니다. 교회가 필요하다고 생각하면 누구든지 교회를 설립할 수 있을까요? 장로교회 교회 개척 원리는 교회가 교회를 개척하는 것입니다. 몇몇 분들이 모여서 어떤 지역에 교회가 필요하다고 생각했더라도 교회에 말하여 교회가 기도하면서 결정해야 합니다. 개체교회 단독으로 이 일을 결정해서는 안 되고 노회에 교회설립을 주관해 주도록 요청해야 합니다. 우선은 몇몇 이들이 당회에 말하여 어떤 지역에 교회가 필요하다고 말하는 것으로 시작할 수 있습니다. 당회는 과연 그곳에 교회가 필요한지를 확인하고는 핵심그룹이 모여서 성경공부를 하면서 기도하는 모임을 가질 수 있도록 격려합니다. 당회는 그 그룹을 지도하면서 어느 정도 힘이 결집되면 그 일에 대해 온 교회에 알리면서 관심을 고조시켜 나갑니다. 이때 미리 노회에 알려서 노회가 지도하도록 해야 합니다.

핵심그룹이 모이기를 시작하고, 후원하는 핵심교회가 있으면 본격적으로 개체교회 설립을 추진합니다.

'예배 장소를 준비하고, 일정한 교인들이 모여서 회집하다가 교회를 설립하고자 하면, 노회에 청원하여 허락을 받아야 합니다'(교회정치 제14조)

개체교회 설립에 필요한 교인들의 수는 장년교인 20인 이상이어야 합니다. 준비가 되면 개체교회 설립청원서를 작성하여 노회에 제출합니다. 옛날에는 목사 가정이 맨땅에 헤딩하듯이 교회를 개척하면 교인들이 모이고 교회가 금방 성장했지만 이제는 그렇지 않습니다. 장년교인 20명이 될 때에 개체교회 설립을 신청하는 것이 맞습니다. 핵심그룹, 즉 개척멤버가 없이 목사 가정이 홀로 개척하는 것은 너무나 힘듭니다.

이제는 분립개척이 필요한 때가 되었습니다. 기존 개체교회 당회가 결정하여 교회를 분립하는 것 말입니다. 교회를 분립하기로 결정하고 몇몇 직분자들과 교인들이 개척에 동참하는 것 말입니다. 개체교회 설립에 필요한 장년교인 20명으로 시작하면 제일 좋을 것입니다. 그러면 그 명단을 작성하여 노회에 제출하면 그들이 그대로 분립된 교회에서 봉사를 할 수 있습니다. 새롭게 직분자를 세우기 위해 오랜 시간이 필요하지 않고 그대로 직분사역을 계속할 수 있으니 처음부터 교회가 든든히 서 갈 수 있습니다. 교회를 개척한 다는 것을 노회가 알고 지도하면 분립의 경우가 아니더라도 노회 내에 속한 개체교회들의 교인들이 그 개척에 동참할 수 있습니다. 어쨌든 중요한 것은 노회가 책임있게 교회 개 척을 지도해야 한다는 것입니다.

구비서류(설립 교회의 명칭과 소재지, 설립 일자, 교인들이 서명 날인한 명단, 예배당 상황, 교회의 재정상황, 부근 교회와의 거리, 지역사회 환경의 현황, 분립의 경우 당회와 공동의의 회의록 사본)를 갖추어서 '교회설립(분립)청원'을 해서 노회가 허락하면 노회가 주관하여 '설립예배'를 드립니다. 이때 목사를 미리 청빙하면 좋습니다. 목사가 없이는 예배하면서 성례를 집례하기 힘들기 때문입니다. 설립예배는 노회와 후원하는 핵심교회가 주관하여 진행하면 됩니다. 설립예식순서는 다음과 같습니다. 이 예식은 노회장이나 노회를 대표하는 목사가 인도하는 것이 바람직합니다. 우선 '예식사'를 합니다.

우리는 대한예수교장로회 ○○○○노회에 속한 ○○○교회를 설립하는 예배를 드리려고 이 자리에 모였습니다. 교회는 하나님의 것입니다. 회중이 함께 예배하고, 말씀과 성례전을 집행하며, 교우의 사귐과 교육과 섬김과 선교를 위하여, 이 교회는 세상 끝 날까지 존속할 것입니다. 영원 무궁토록 성삼위 하나님께 영광과 찬송이 있기를 빕니다.

이후의 순서는 다음과 같이 진행하면 됩니다.

찬송 – 교회와 관련한 교독 – 기도 – 성경봉독 – 설교 – 찬송 – 교회설립 경과보고 – 직분자와 교인들 소개 – 설립공포 – 축사 – 강복선언

설립공포는 다음과 같이 합니다.

오늘 설립된 ○○○교회가 대한예수교 장로회 ○○○○노회

에 속한 교회가 된 것을 내가 성부와 성자와 성령의 이름으로 선포하노라. 아멘.

이제 이 땅에 또 하나의 교회가 세워졌습니다. 거룩한 공교회가 세워졌습니다. 하나님께서는 이 교회를 통해 영광을 받으시고, 구원의 역사를 계속해 나가실 것입니다.

교회 폐쇄와 합병

개체교회는 조직교회와 미조직교회로 분류합니다. 조직교회는 경제적으로 자립하는 교회라는 말이 아니라 치리회, 즉 당회가 구성된 교회입니다. 교회가 개척되어지면 직분자들이 동참하는 것이 필요합니다. 장로가 개척에 동참하지 않으면 목사를 청빙했다고 하더라도 당회가 구성되지 않습니다. 이 교회를 미조직교회라고 부릅니다. 미조직교회는 노회가 파송한 당회장에 의해 치리됩니다. 이 교회는 빨리 장로는 세우는 것이 필요합니다. 이게 오랜 시간이 걸릴 수 있습니다. 장로가 세워지지 않은 상태로 교회가 오래 가다 보면 설립할 때에 등록한 장년교인 20명 미만의 상태가 될 수 있습니다. 이렇게 2년이 경과하면 노회는 그 교회를 '기도소'로 변경할 수 있습니다.

오랜 기간 동안 장로가 세워지지 않고, 교인도 줄어들어서 개체교회를 폐쇄해야 할 수도 있습니다. 이때 노회에서 파송한 당회장이 당회와 공동의회의 결의로 노회에 청원하여 교회 폐쇄를 허락받아야 합니다. 교회가 유지가 되지 않으니 목사가 야반도주하듯이 교회를 떠나 버리는 경우도 있는데 그래서는 안 됩니다. 그 교회 당회와 공동의회가 기능을 제대로 발휘하지 못하는데 그냥 세월만 보내지 말고 시찰회가 적극적으로 살펴서 청원하여 노회가 교회 폐쇄를 결정할 수 있습니다.

교회가 목사의 생활을 지지하지 못한다고 해서 무조건 폐쇄하는 것보다는 주위의 교회와 합병하는 절차를 밟는 것이 좋겠습니다. 개체교회의 합병 절차는 각 개체교회들이 당회와 '공동의회'에서 결의한 사항을 가지고 노회에 '청원서'(회의록 사본과 청원교회 회원들이 연서 날인한 청원서)를 제출하여 허락을 받으면 됩니다. 교회를 합병할 때 중요한 것은 어느 예배당을 사용할 것인지, 담임목사는 누구로 할 것인지, 교회의 명칭과 직원과 교인의 명부를 작성하고, 교회 역사는 어느 교회를 계승할 것인지, 아니면 새롭게 시작할 것인지 미리 작성하여 노회의 허락을 받아야 합니다. 정해진 날짜와 장소에서 '합병예배'를 합니다. 합병예식은 교회설립예식에 준하여 진행하면 됩니다. 아마도 앞으로는 한국교회에서 이런 교회합병예식이 자주 있을 것입니다. 물리적인 합병보다 화학적인 합병, 즉 실제적인 하나 됨을 이루는 것이 쉽지 않을 것입니다. 교회를 새롭게 개척하는 것 이상으로 힘들 것입니다. 어느 한쪽 교회의 담임목사 은퇴와 더불어 교회 합병이 추진되곤 하는데, 이것이 교회 분란이나 그리스도의 명예에 먹칠을 하는 것이 되지 않도록 잘 진행해야 할 것입니다.

Q. 예배당을 성전이라고 부르는 것이 합당합니까? 예배당의 중요성은 무엇이고, 예배당을 건축하여 봉헌하는 의미는 무엇일까요?

Q. 어떤 지역에 교회가 필요하다고 할 때에 누가 이것을 주도할 수 있습니까? 교회를 개척하여 설립하는 과정을 말해 봅시다. 장로교개혁원리는 교회가 교회를 개척한다'는 것입니다. 이 말의 뜻은 무엇일까요?

Q. 교회 분립의 필요성에 관해 말해 봅시다. 교회설립예배는 어디에서 주관하며, 그 예식은 어떻게 진행하는 것이 좋을지 말해 봅시다.

Q. 교회를 폐쇄할 수 있습니까? 어떤 경우에 폐쇄해야 할까요? 교회 합병은 무엇이며 왜 합병하는 것일까요?

제4장
회원가입과 시벌(해벌)

제4장
회원가입과 시벌(해벌)

　기독교인을 신자나 교인이라고 부릅니다. 제자라는 말도 있는데 이 모든 호칭은 다 같은 말입니다. 성부·성자·성령 삼위 하나님을 믿지 않으면 교인이 될 수가 없고, 예수를 그리스도라고 고백하지 않는 사람이 교인이 될 수 없습니다. 예수 그리스도를 하나님의 독생자요, 우리의 주로 고백하지 않는 이는 교인일 수가 없습니다. 교인은 교회의 사람입니다. 교인이 되는 예식이 세례식입니다. 세례가 아니고서는 교인이 될 수 없습니다. 세례가 바로 교회의 사람이 되는 것이고, 믿는 자가 되는 것이며, 기독교인이 되는 것이고, 제자가 되는 것입니다. 교인이 된 사람은 교회에 자신의 모든 것을 맡깁니다. 교인은 교회에서 다른 교인들과 함께 자신의 구원을 이루어 갑니다.

교인은 교회의 다스림을 받습니다. 개체교회의 교인이 되는 것이 세례식인데, 세례를 받은 사람은 교회의 다스림을 받아야 합니다. 교회의 다스림을 받지 않는다면 교인이라고 불리기는 하지만 사실 교인이 아닙니다. 교인이 자신이 소속했던 교회를 떠나 다른 개체교회에 가입하는 절차가 있습니다. 그것을 '이명'이라고 부릅니다. 이명증을 가지고 오면 교회가 살펴서 회원으로 받습니다. '회원가입식'을 가집니다. 교인이 교회를 무단으로 이탈하면 교인의 자격이 정지되고, 교회로 돌아보면 복권의 과정을 거칩니다. 교회에 속한 신자가 세상에서처럼 죄를 지었을 때 '시벌'을 하고, 회개했을 때 '해벌'을 합니다. 하나님만이 죄를 사해 주시지만 교회는 그리스도로부터 권세를 받아서 천국을 열고 닫습니다. 교회는 교인의 모든 삶을 '축복'합니다. 교인은 자신이 하는 모든 일을 교회에 알리면서 하나님께서 함께해 주실 것을 구하고, 교회는 그 모든 일을 축복합니다. 교인과 관련된 모든 예식을 살펴보겠습니다.

회원가입식

교회의 회원이 되어야 모든 은혜를 다 누릴 수 있다

언약가정에서 태어난 아이는 유아세례를 통해 교회의 회원이 됩니다. 회원이 되었지만 공적 신앙고백(입교식)을 통해 성찬식에 참여하면서 교인의 모든 권리를 누립니다. 언약의 가정에서 태어나지 않아서 불신자로 살다가 예수님을 믿겠다고 하는 이들은 학습과 성인세례를 통해서 교인이 됩니다. 이렇게 모든 교인은 말 그대로 개체교회의 회원입니다. 요즘 교인이라는 말을 하기 싫어하는 까닭은 개체교회에 속하기를 원치 않는 분위기 때문일 것입니다. 신자는, 기독교인은, 제자는, 교인일 수밖에 없는데 말입니다. 자신은 보이는 지역교회가 아니라, 보이지 않는 우주적인 교회에 속해 있다고 말하는 것은 스스로를 속이는 것입니다. 기독교인이라면 누구든지 세례를 받고 개체교회의 교인이 되어 교회생활을 해야 합니다. 교회에서는 회원권이 중요합니다. 이 회원권은 돈으로 살 수 있는 것이 아닙니다. 오직 그리스도께서 흘리신 값비싼 피로 인해 공짜로 얻은 회원권입니다.

교인이라면 권리도 있고 의무도 있습니다. 권리는 다음

과 같습니다.

세례교인은 성찬 참여권과 공동의회 회원권 및 교인으로서의
모든 청구권과 영적 보호를 받을 권리를 가지며, 개체교회에
서 법규에 의한 선거 및 피선거권이 있다(교회정치 제24조).

성찬 참여가 가장 먼저 언급되어 있는 것이 인상적이지
않습니까? 그리고 교인에게는 청구할 수 있는 권리가 있고
영적 보호를 받을 권리가 있습니다. 공동의회 회원이 되고
선거권 피선거권이 주어집니다. 그러므로 교인은 권리만
주장할 것이 아니라 의무도 다해야 합니다.

교인은 공예배(주일예배, 오후예배/저녁예배)와 수요기도
회 참여, 헌금(의무헌금인 십일조와 주일헌금 및 성의헌금),
전도(영혼구원을 위하여 헌신), 봉사(교회 내외의 활동을 위
한 섬김)와 교회 치리에 복종할 의무를 가진다(교회정치 제25
조).

본인이 소속되어 있던 개체교회를 떠나는 경우가 있습니

다. 교구제도를 가지고 있는 로마가톨릭 같은 경우에는 이사를 하면 자동적으로 그 적(籍)이 이사하는 교구교회로 넘어갑니다. 교구제도가 무너진 개신교회에서는 교인이 무단으로 교회를 떠나고 다른 교회의 교인이 됩니다. 이중 삼중으로 등록되어 있습니다. 이것은 무질서한 것입니다. 교인이 이사를 가거나 기타 사정으로 교회를 떠날 때는 소속 당회에 이명청원을 해야 합니다. 당회는 책벌사항이 명기된 이명서를 발급합니다. 이명증서를 받아 교인으로 등록되면 그 당회는 이명접수통지서를 이명한 교회에 보내야 합니다. 혹 이명을 받을 수 없는 경우에는 이명서를 반송하면 됩니다.

당회는 이명서를 가지고 온 교인을 교인으로 받으면 됩니다. 이명서가 중요한 것은 어떤 교회에서 신앙생활을 했는지를 알아야 하기 때문입니다. 이단이 교회로 들어올 수도 있기 때문입니다. 어떤 사람이 예배에 참석하면 바로 '등록카드'를 내밀어 교회에 등록하라고 하는 것은 옳지 않습니다. 이명증을 가지고 온 경우가 아니라면 몇 주일 동안이라도 예배에 참여하라고 한 후에 교회의 회원이 되기를 원하는지 확인한 후에 교육을 거쳐서 등록 과정을 밟아야 합니다. 이런 과정을 밟지 않으면 교회에 등록했다가 얼마 있지 않아서 교회를 떠나 버리는 경우가 비일비재하게 일어납니다. 타 교단에서 이명해 온 경우는 신앙고백을 확인하고, 필요하면 교육을 한 후에 등록을 받으면 됩니다. 이명증이 없이 이명 오는 경우도 있습니다. 이런 경우에는 6개월을 지나면 교회 회원으로 받는 절차를 진행할 수 있습니다.

회원가입식은 거창하게 진행할 필요가 없습니다. 주일예배 시에 광고 시간을 이용하여 당회와 최종면담을 거쳐 교회 회원으로 등록하게 되었다는 것을 알리고 그 개인이나 가정이 교회 앞에 인사합니다. 이때 그동안 신앙생활해 왔던 것, 교회를 이명하게 되어 본 교회에서 교인으로 생활하게 된 것, 앞으로 어떻게 교제하고 교회의 다스림을 받겠는지를 밝혀야 합니다. 이때 온 교회는 새롭게 교회 회원이 된 이를 기쁘게 환영합니다. 함께 교제하면서, 교회의 다스림을 받으면서 영원을 향해 갈 교인이 생겼기 때문입니다. 교회 회원이 된 즉시로 그 교인은 모든 권리를 누릴 수 있습니다. 성찬식에도 참여할 수 있습니다. 교회 회원이 되기 전에는 성찬식에 참여하는 것을 신중하게 생각해야 한다는 말입니다. 벌을 받는 중에 있는 직원의 경우에는 이명을 받은 교회의 당회가 해벌을 해야 복직됩니다.

교인은 자신의 모든 것을 교회와 논의해야 합니다. 학업, 병역, 직업 기타 사유로 6개월 이상 개체교회를 떠나 있어야 할 경우에는 당회에 신고해야 합니다(교회정치 제27조). 당회는 그 기간 동안 출석할 교회를 소개해야 합니다. 그 교회에 사정을 알리고 예배를 포함한 신자의 생활을 지도해 줄 것을 부탁해야 합니다. 이 기간 동안 그 신자는 원래 소속된 교회의 치리하에 있습니다. 당회도 이 사실을 잊지 않고 그 교인과 연락하면서 잘 치리해야 합니다. 교회의 자격이 상실될 수도 있습니다. 무단으로 6개월 이상 본 교회 예배에 참석하지 않으면 회원권이 정지되고, 1년을 경과하면 실종교인이 됩니다(교회정치 제28조 1항). 회원권을 상실한 자가 본 교회에 돌아왔을 경우에는 6개월이 경과하고 난 다음에 당회가 결의하여 회원으로 복귀할 수 있습니다.

이명증의 역사

불신자가 교회에 출석하여 세례를 받는 경우를 제외하고 본 교회 교인이 되겠다고 하는 신자가 있으면 이명증을 가지고 와야 합니다. 이명증은 쉽게 말하면 신자의 '신력증명서'요, 성경에서 말하는 '추천서'라고 보면 됩니다. 이명증은 교회가 있는 곳에 늘 존재해 왔던 공교회 전통에 속합니다. 이명증은 교회의 하나 됨을 가장 구체적으로 고백하는 방편입니다. 다른 교회를 자신의 교회와 동일한 하나님의 교회라고 인정하는 것이 곧 신자의 이동 시 이명증을 주고받는 것이기 때문입니다.

사도 바울은 추천서를 신뢰하지 않았다고 말할 수 있습니다. 사도들의 추천서를 가지고 다니면서 젠체하면서 교회의 대접을 받으려고 하는 자들을 경계했으니까요. 이것은 개인적으로 자격이 충분하다고 생각하기만 하면 된다는 뜻이 아닙니다(고후 4:2; 5:12). 사도는 추천서를 써 주기보다는 자신이 개척하여 세운 교회 성도들이야말로 자신의 추천사와 마찬가지라고 말했습니다(고후 3:1-2). 하지만 고대교회 때부터 교회는 항상 진실한 형제를 다른 교회에 추천하는 관습이 있었습니다(행 18:27; 롬 16:1 등). 속사도교부시대의 작품인 「디다케」에 보면 주님의 이름으로 오는 이들을 환영해야 한다고 하면서 그들을 증명하는 방법을 말하고 있습니다(12장).

'주님의 이름으로 오는 모든 사람은 환영받아야 합니다. 그러나 그때 그 사람을 검토하십시오. 그러면 여러분들은 진실한 것과 거짓된 것을 발견할 것입니다. 오는 사람이 단지 지나간다면, 할 수 있는대로 그를 도우십시오. 그러나 그가 2일 이상, 필요한 경우에도 3일 이상 여러분과 함께 머물게 해서는 안 됩니다. 그러나 그가 여러분 가운데 정착하기를 원하는데 장인이라면, 그의 생계를 위해서 일하게 하십시오. 그러나 그가 장인이 아니라면, 그가 기독교인으로서 여러분들 가운데서 게으름을 부리지 않고 어떻게 살아갈 것인지를 여러분들의 판단에 따라서 결정하십시오. 그러나 그가 이러한 방식으로 협력하기를 원하지 않는다면, 그때 그는 그리스도로 장사를 하고 있는 것입니다. 그러한 사람들을 경계하십시오.'

종교개혁시대에도 개혁한 교회들은 교인들의 이동할 경우에 추천사, 즉 이명증을 주고받았습니다. 개혁에 동참한 이들이 난민으로 생활하는 경우가 많았기 때문입니다. 어떤 경우에 개혁자들은 그 난민들을 다른 교회에 추천하는 것을 조심스러워 했습니다. 그 난민들이 가난한 교회에 큰 짐이 될 수 있었기 때문입니다. 그들이 교회를 어지럽힐 수도 있기 때문입니다. 어쨌든 고대교회로부터 교회는 하나라는 생각을 했기 때문에 이단에 대항하여서, 믿음의 연합을 확인하기 위해 이명증을 주고받으면서 신자를, 그리고 직분자를 추천했습니다.

시벌과 해벌식

교회에 주신 열쇠권을 사용하여 천국을 닫고 연다

교회는 직분자를 포함하여 교인들을 벌주고, 회개하면 그 벌을 거둘 수 있습니다. 이것을 소위 권징(勸懲)이라고 부릅니다. 당회가 치리회인데, 치리가 다 권징이 아닙니다. 권징은 치리의 한 측면입니다. 치리는 다스린다는 뜻이고 그리스도를 대신하여 다스리는 모든 것을 말합니다. 반면 권징은 다스림의 한 측면 즉, 벌을 주는 것을 말합니다. 교회에도 법정이 있습니다. 치리회가 바로 법정입니다. 이것은 그리스도께서 주신 '열쇠권'에 근거하고 있습니다. 예수님은 베드로의 고백을 받으시고는 열쇠를 주겠다고 하셨습니다. 그 열쇠를 가지고 천국을 열고 닫을 수 있다고 하셨습니다(마 16:19). 로마가톨릭에서는 이 열쇠권을 베드로의 후계자인 교황이 가지고 있다고 믿지만, 우리 개신교회에서는 사도적인 복음을 전하는 교회에게 이 권세가 주어졌다고 믿습니다. 즉, 치리회인 당회, 그리고 노회가 이 열쇠권을 사용합니다.

권징의 목적은 '진리를 보호하고 그리스도의 권위와 영광을 옹호하며 악행을 제거하고 교회의 정결과 덕을 세우며 범죄자의 영적 유익을 도모하는 데 있습니다'(권징조례 제2조). 권징은 '세례 이상의 교인과 직원의 범죄(폭언, 성회모욕, 폭행, 명예훼손, 불온유인물, 기물파손, 예배 방해 등 포함)와 치리회가 재판하여 유죄선언을 할 때 시벌하는 행위입니다'(권징조례 제3조). 모든 교인과 직원은 재판을 받아 자기를 방어할 권리를 가집니다. 재판을 받지 않고는 시벌할 수 없습니다. 재판은 3심제로 합니다. 제1심은 치리회인 당회이고, 제2심은 또 다른 치리회인 노회재판국이고, 제3심은 총회 상설재판국에서 관장합니다.

시벌의 종류는 다음과 같습니다. 견책(상당한 과실이 있어 엄히 책망하고, 회개하여 스스로 시정하도록 촉구하는 것), 근신(2개월 이상 6개월 이내의 기간 동안 죄과를 반성하고 말이나 행동을 삼가게 하는 것), 시무정지(3개월 이상 1년 이내의 모든 시무를 정지하되 설교권은 예외로 함), 정직(맡은 직분을 정직시키되, 범죄의 경중 또는 그 동기 및 영향을 참작하여 6개월 이상 2년 이내의 기간 동안 직원의 신분은 보유하나 직무에 종사하지 못하며 정직 기간 수찬정지를 겸하여 과할 수 있음), 면직(맡은 직분을 박탈하며 수찬정지를 겸하여 과할 수 있음), 수찬정지(성찬에 참여하지 못하게 하는 것으로 죄가 중대하여 교회와 주의 성호에 욕이 되게 한 자에게 과하는 시벌로서 6개월 이상 수찬을 정지함), 출교(불신자와 같이 인정하여 교인명부에서 제명하고 교회에 출석을 금지하는 것으로 끝까지 회개하지 않는 중범죄자나 이단에 가입하여 돌아오지 아니한 자에게 과하는 시벌)입니다.

시벌은 공개적으로 해야 하고, 예배 시에 이 예식을 진행해야 합니다. 치리회장이 시벌의 의의와 정당성(마 18:15-18)을 설명한 후에 시벌의 각 종류에 따라 선고합니다.

지금 ○○○ 씨는 ○○○죄를 범하였으므로 본 치리회는 주 예수 그리스도의 이름과 그 직권으로 형제가 회개하고 만족한 증거를 제시하기까지 ○○○벌을 가하노라. 아멘.

면직의 경우에는 다음과 같이 선고합니다.

본 교회(혹은 노회) 목사(장로, 집사) ○○○ 씨는 ○○○죄를 범하였으므로 본 당회(노회)는 ○○○ 씨의 본 교회(노회)의 목사직(장로, 집사)을 파면하고 또 그 직분 행함을 금하노라. 아멘.

출교의 경우에는 다음과 같습니다.

지금 이 교회(노회)의 회원 ○○○ 씨는 ○○○죄를 범한 고로 여러 번 권면하고 기도하였으나 듣지 않고 회개하는 증거를 나타내지 않으므로 주 예수 그리스도의 이름과 그의 직권으로 본 당회(노회)는 그로 성찬에 참여하지 못하게 하며 성도 중에 교제가 단절된 것을 선고하노라. 아멘.

선고 후에 치리회장은 회중을 향해 권징받은 이를 원수와 같이 여기지 말고 형제에게 하듯 권면해야 하지만 그와 가까이 지내지 않기를 바란다는 것, 이것은 그가 주께로 회개하도록 하기 위함이라는 것을 말합니다. 이러한 시벌을 경고 삼아 우리 자신을 면밀히 돌아보아야 한다는 것, 우리가 악과 싸워야 한다는 것, 우리가 시험에 들지 않도록 깨어 기도해야 한다는 것, 우리가 두렵고 떨리는 마음으로 서로 돌아보면서 구원을 이룰 것을 권면합니다. 치리회장은 범죄자가 빠른 시일 내에 회개하고 해벌받을 수 있도록 기도하고 마칩니다.

범죄자가 회개하면 잘 살펴서 해벌하는 예식을 진행해야 합니다. 해벌도 예배 시에 공개적으로 해야 합니다.

지금 본 치리회에서 시벌한 바 있었던 ○○○ 씨는 본인이 회개한 증거를 보였으므로(혹은 그 시벌 기간이 경과하였으므로) 본 치리회는 그의 해벌됨을 공포하노라. 아멘.

정직된 경우에는 해벌되고 복직된 것을 선고하고, 수찬이 정지된 경우에는 성찬에 참여하게 된 것을 알립니다. 면

직과 출교를 당한 경우에는 몇 가지 문답을 한 후에 선고를
합니다.

문: 그대가 하나님을 배반하여 거역한 죄와 교회를 해롭게 한
큰 죄를 기꺼이 자복하며, 면직한 것이 공평하게 행한 줄 압
니까?

문: 지금은 그대가 진실한 회개와 통회하는 마음으로 죄를 고
백하며 겸손한 마음으로 하나님과 그의 교회의 용서를 구합
니까?

문: 하나님의 은혜를 힘입어 겸손한 마음과 근신 중에 살기를
결심하며, 힘써 우리 구주 예수 그리스도의 교훈을 빛나게 하
며, 복음에 합당한 신앙생활을 하겠습니까?

지금 ○○○ 씨는 만족한 회개를 나타내었기 때문에 본 교회
당회(노회)는 시벌 시에 선언한 면직을 해벌하며 복직된 것을
선고하노라 아멘.

치리회가 권징을 시행하기 힘든 시대입니다. 중세시대
에 마녀재판을 했던 교회법정을 떠올리며 눈살을 찌푸립니

다. 권징이라는 말은 들으면 교회가 신자를 옥죄기 위해 만든 것이 아니냐면서 성토합니다. "세상에 죄 없는 사람이 어디 있냐? 죄 없는 자가 돌로 치라는 예수님의 말씀은 어디로 간 것이냐?"라고 말하기도 합니다. 교회법정은 세상법정보다 훨씬 더 고상하다는 것을 알아야 합니다. 교회법정은 사람의 외부행위를 다루기는 하지만 사람을 진정으로 대하고, 사람을 내면으로부터 새롭게 만드는 법정입니다. 교인들이 교회의 다스림을 잘 받을 때에 교회만이 아니라 우리 사회조차 복될 것입니다. 교인들이 교회에서 제대로 권징을 받아야 이 세상에서 잘 치리할 수 있기 때문입니다. 교회법정이 하나님의 법정이 되어야 합니다.

삶의 경축식
교회는 교인의 모든 삶을 경축한다

교인은 교회의 사람일 뿐만 아니라 이 세상의 시민으로 살아갑니다. 그는 하나님께서 소명을 주셔서 일하게 하시는 곳에서 열심히 삽니다. 종교개혁자들은 신자의 모든 삶의 영역이 거룩하다는 것을 강조했습니다. 종교개혁자 마틴 루터는 성경에 나와 있는 부르심을 직업으로 번역하기도

했습니다. 성직자가 미사를 집례하는 것만큼이나 구둣방에서 구두를 만들거나 주부가 식사 준비하는 것이 거룩하다고 주장했습니다. 이것을 '만인제사장설'이라고 부릅니다. 교회는 신자가 이 세상에서 하나님의 백성으로 살아갈 수 있도록 잘 갖추어 주어야 합니다. 이것이 바로 직분자들이 할 일입니다. 교회를 직업훈련소로 만들어서 교인을 훈련하라는 것이 아닙니다. 교회는 오직 말씀으로 교인을 양육해야 합니다. 하나님의 말씀은 우리가 이 세상에서 어떻게 하나님의 백성으로 살아갈 수 있는지를 잘 알려줍니다.

로마가톨릭에서는 모든 건물이며 기구 등을 거룩하게 하는 예식을 행합니다. 우리 개신교회는 어떤 장소나 기물이 거룩하다고 믿지 않습니다. 모든 것이 다 거룩하다는 것에는 동의하지만 우리는 그 모든 것에 하나님의 복이 임하기를 기도할 따름입니다. 예를 들어 목사는 입주한 가정을 방문하여 감사기도를 합니다. 사람이 사는 공간이 너무나 중요하기 때문입니다. 넓은 집을, 좋은 집을, 값비싼 집을 샀다고 축복해 주는 것이 아니라 그 거처를 통하여 하나님께서 영광을 받으시고, 가족들이 서로 사랑하면서 충분히 휴식할 수 있고, 하나님이 도우시고 기도에 응답하시는 터전이 되게 해 달라고 기도합니다. 성도가 사업체나 가게를 개업했을 때에도 교회가 기도해 줍니다. 성도가 기도하고 고민하면서 개업했을 것이고 하나님의 도우심을 바라는 것이 당연합니다. 목사는 그 사업체와 가게를 방문하여서 하나님의 경영을 구합니다. 신자는 이 세상에서 그리스도인이라는 직분자로 살기 때문입니다. 그 업체와 일을 통해서 하나님의 다스림과 하나님의 뜻과 하나님의 긍휼을 나타내 보여야 합니다. 하나님의 백성은 무엇을 하든지 복이 된다는 것을 믿고 정직하게 일하도록 기도해야 할 것입니다.

교회는 신자의 개인적인 삶을 경축하면서 기도합니다. 요즘은 백일잔치나 돌잔치를 많이 하지 않지만 이런 경우에 이미 유아세례를 받았지만 언약의 자녀가 하나님이 주신 기업이요 상급이요 복이라는 것을 다시금 알려주는 것이 좋습니다. 이 아이가 믿음으로 잘 자라도록, 그래서 하나님의 사람으로 이 마지막 시대를 잘 살아갈 것을 구해야 합니다. 돌잔치 같은 경우에는 업체가 주관하면서 장래에 뭐가 될 것인지 점쳐 본다고 돌잡이를 하는 경우가 있는데 이런 것은 삼가야 합니다. 교인이 생일을 맞아 식사를 나누기를 원하면 교회는 생명을 주시고 지금까지 인도해 주신 것을 감사하고 하나님께서 남은 삶을 통해서도 하나님의 백성으로 살아가기 위한 건강과 지혜와 필요한 것들을 공급해 주시기를 기도해 주어야 합니다. 결혼기념일이나 은혼식, 금혼식, 그리고 고희연을 열 경우에는 세상적인 축하가 되지 않도록 목사가 간단한 예식을 인도하면서 언약가정을 이룬 것을 감사하고, 하나님의 백성으로 지금까지 산 것을 축하하는 시간을 가지면 좋을 것입니다.

Q. 교회 회원으로 가입하는 절차에 관해 말해 봅시다. 왜 이런 가입절차가 필요할까요? 회원가입을 쉽게 해서 어려움을 겪은 경우가 있는지 나누어 봅시다.

Q. 치리회, 즉 당회(목사와 장로로 구성)는 교인들의 모든 삶을 다스립니다. 이 교회정치가 성경적일까요? 현실에서 이 교회정치의 강점이 무엇이고, 약점은 무엇일까요?

Q. 교회가 신자나 직분자의 죄를 권징한 것을 본 적이 있습니까? 치리회가 어떤 죄를 벌해야 하고, 벌하는 이유가 무엇입니까? 시벌식과 해벌식을 어떻게 진행해야 하는지 말해 봅시다.

Q. 교회가 신자의 모든 삶을 어떻게 경축할 수 있을까요? 예를 들어 입주, 개업, 생일, 혼인기념일 등의 경우를 말해 봅시다.

기독교 사용 설명서 8 ｜ 교회예식

제5장
혼인과 장례

제5장
혼인과 장례

    동양문화에는 관혼상제라는 말이 있습니다. 이는 곧 성인이 되는 의식, 혼인과 장례, 그리고 조상을 향한 제사를 중요하게 생각했다는 것을 뜻합니다. 이 중에 성인의식과 제사의식은 시들해지고 있지만 혼인과 장례의식은 아직까지도 너무나 중요하게 다루어지고 있습니다. 당연합니다. 혼인은 가정을 이루는 것이요, 장례는 한 인생의 삶을 마감하는 것이기 때문입니다. 로마가톨릭도 이 두 예식을 중요하게 생각했습니다. 출생과 성인식과 혼인식과 장례식을 중요하게 생각했습니다. 아이가 출생하면 세례를 베풀었고, 성인식은 견진례를 베풀었으며, 혼인식과 장례식은 미사로 승격되었습니다. 혼배성사, 종부성사라고 부르곤 합니다. 혼인과 장례가 미사이니 얼마나 장엄하게 치르는지 알 수 없습니다. 이에 비해 개신교회는 혼인과 장례를 성례라고 보지 않습니다. 인생에서 가장 중요한 순간이기는 하지만 이것은 하나님께서 주신 자연질서 속에서 소중하게 다루어야 할 것이지 그리스도께서 친히 제정하신 성례라고 보지는 않습니다.

교회가 교인의 혼인과 장례를 어떻게 다루어야 하겠습니까? 혼인은 하나님께서 처음부터 제정하신 것이기에 교회적 예식으로 다루어야 합니다. 교회는 교인의 혼인을 예배형식을 갖추어서 잘 거행해야 합니다. 신자의 혼인조차도 세속적인 영향이 들어와서 목사의 주례 없이 혼인하는 경우도 많습니다. 교회는 부모들뿐만 아니라 자녀들을 잘 교육해서 언약의 가정을 이루도록 교육해야 할 것입니다. 불신결혼이나 혼전임신 등의 문제도 잘 다루어야 합니다.

개혁교회는 장례를 교회적인 일이 아니라 해당 가족의 일로 봅니다. 교회가 장례에 적극적으로 개입하지 않습니다. 동양의 문화에서는 장례가 너무나 중요합니다. 죽음 이후에 그 혼령을 위해 제사하는 것이 중요해서이기도 하지만 장례를 소홀히 하는 것은 아주 잘못된 것이라고 생각합니다. 이에 교회는 신자의 장례에 적극적으로 개입하여 모든 유가족들을 위로하고 하늘나라 소망을 가질 수 있도록 도와야 할 것입니다. 기독교인이 아닌 조문객들도 많이 있기 때문에 복음을 전하는 기회로 삼아야 하겠습니다.

혼인예식
목사의 주례를 통해 하나됨을 공적으로 인정받는다

혼인의 의의

혼인은 인륜지대사라는 말도 있듯이 신자에게 있어서 너무나 중요합니다. 하나님께서 세상을 만드셨을 때 가장 먼저 만드신 제도가 가정입니다. 그때에는 교회도 없었고, 국가도 없었습니다. 교회와 국가는 인류의 타락 후에 생겼다고 볼 수 있습니다. 가정이 그만큼 중요하다는 말입니다. 혼인은 세속정부의 일이지 교회의 일이 아니라는 생각을 하는 신자들이 많습니다. 혼인은 세상기관에 신고하기만 하면 법적으로 부부 됨을 인정받지만, 이때 교회가 아무런 역할이 없다고 생각하면 안됩니다. 시청에서 실제적인 혼인식(solemnization) 서약을 하고, 그다음에 교회에서 확인식

(confirmation)을 하는 것이 청교도를 통해 미국에까지 전수되었습니다.

성경은 혼인의 제정에 관해 분명하게 말씀하고 있습니다. 하나님께서는 아담을 먼저 지으시고, 그다음에 아담의 몸 일부를 취하여 여자를 만드셨습니다. 하나님께서 아담에게 그 여자 하와를 이끌어 가셨을 때 아담이 고백합니다. '내 뼈 중의 뼈요, 살 중의 살'이라고 말입니다. 이것은 '나 아닌 나'라는 뜻입니다. 분명히 내 밖에 있는 어떤 존재인데 나와 같다고 고백한 것입니다. 자웅동체라는 말이 아니라 하나님께서 자기를 위해 지으신 존재임을 고백한 것입니다. 하나님께서는 이 둘을 하나되게 해 주시기 위해 친히 주례하시면서 혼인의 원리를 선포하셨습니다.

> 이러므로 남자가 부모를 떠나 그의 아내와 합하여 둘이 한 몸을 이룰지로다(창 2:24).

혼인의 비밀이 있습니다. 그 비밀은 그리스도와 교회의 관계를 보여주기 위한 것입니다. 그리스도는 교회를 사랑하셔서 자신을 온전히 내어주셨습니다. 교회는 그 그리스도로

기독교 사용 설명서 8 교회예식

인해 구원받았기에 그리스도께 순종합니다. 노예처럼 복종하는 것이 아니라 사랑으로 순종합니다. 부부의 관계는 바로 이렇게 그리스도와 교회의 관계를 보여줍니다. 남편은 아내를 사랑하여 자신을 온전히 내어주어야 합니다(엡 5:25). 아내는 교회가 그리스도께 하듯 남편에게 복종합니다(엡 5:24). 양쪽 다 사랑이 전제되어 있습니다. 요약한다면 남편은 희생해야 하고, 아내는 복종해야 합니다. 희생이 쉬울까요, 복종이 쉬울까요? 타락한 우리에게는 둘 다 어렵습니다. 기독교인 부부관계가 이 세상 속에 그리스도와 교회의 관계를 보여준다는 것이야말로 혼인의 거룩성을 잘 보여줍니다.

신자의 결혼은 그 개인이나 그 가정의 문제로 치부할 것이 아니라 당회가 적극적으로 개입하고 주관해야 합니다. 제일 중요한 것은 기독교인이라면 기독교인과 혼인해야 한다는 것입니다. 믿지 않는 자와 멍에를 매면 안됩니다(고후 6:14). 이 면에 있어서는 로마가톨릭이 개신교회보다 훨씬 더 엄격합니다. 그들은 합법적으로 이루어진 혼인은 어떤 경우이든지 무효가 되거나 해소되지 않는다고 믿습니다. 즉, 이혼이 불가합니다. 그들은 세례받은 신자끼리의 결혼만을 '성사혼'이라고 부릅니다. 세례받지 않은 자와의 혼인은 원천적으로 무효입니다. 배우자가 세례받지 않은 경우에 그것을 해소시켜 줄 수 있는 예외적인 '관면혼'을 허락하기는 합니다. 혼인은 한 남자와 한 여자가 하는 것이고, 법적으로 금한 친족 범위 안에서는 하지 않아야 하며, 불신자와 혼인할 수 없고, 최소한 신급이 학습인 이상이어야 합니다. 혼인하고 나서 믿겠다는 말을 신뢰하여 혼인해서는 안 될 것입니다.

혼인예식

혼인은 공적인 성격의 것이기에 교회 앞에 '광고'해야 합니다. 비밀리에 결혼하지 말아야 합니다. 혹 부모가 혼인에 동의하지 않을 수 있습니다. 부모의 동의가 중요하지만 당사자들이 성인이 된 경우에는 정당한 이유 없이 동의하지 않으면 안 됩니다. 교인이라도 불신결혼의 경우나 주일에 혼인하는 경우에는 광고할 수 없고 주보에 광고를 실을 수도 없습니다. 요즘에는 신자의 혼인이라고 하더라도 결혼식장을 빌려서 예배에 준하는 예식을 하지 않고 사회자만 두고 예식을 진행하는 경우도 많습니다. 장소는 두 번째 문제라고 하더라도 목사나 교역자가 혼인예식을 주례하는 것이

옳습니다. 혼인은 무수한 증인들 앞에서 하나님께 서약하는 것이기 때문입니다. 세속적인 방식으로 혼인하면서 교역자에게 기도만 해 달라고 들러리를 세워서는 안 됩니다.

혼인이 하나 되는 예식이기 때문에 성찬식을 겸하는 경우도 있는데, 이것은 옳지 않습니다. 혼인식을 예배의 형식을 갖추어 진행한다고 하더라도 공예배는 아닙니다. 혼인예식은 아래와 같은 순서로 진행하면 됩니다.

예식사 – 찬송 – 기도 – 성경읽기 – 권면 – 서약 – 성혼공포 – 찬송 – 강복선언'

혼인식에서 축하 순서가 빠지지 않는데, 이는 강복선언 후에 따로 순서를 가지면 될 것입니다. 대륙의 개혁교회에서는 '혼인예식문'을 읽으면서 진행합니다. 우리도 이 예식문의 도움을 받으면 좋을 것입니다. 먼저 목사는 다음과 같이 예식을 시작합니다.

우리 주 예수 그리스도의 회중 여러분, 우리는 ○○○ 씨와 ○○○ 씨가 삼위 하나님의 이름으로 혼인서약을 하는 자리에 증인으로 함께 모였습니다. 치리회는 이 두 사람의 혼인 의사를 교회에 정당하게 알렸고, 이에 대하여서 정당한 반대가 제기되지 않았습니다. 이제 우리는 주님의 이름으로 두 분의 혼인예식을 시작하겠습니다.

예식문은 혼인의 제정, 혼인의 목적, 혼인의 비밀, 혼인의 약속, 혼인의 의무를 잘 밝히고 있습니다.

혼인식은 사실 혼인서약식이라고 불러도 됩니다. '서약'하는 시간이 중요하다는 말입니다. 이제 목사는 혼인하는 두 사람으로부터 서약을 받습니다. 신랑에게 받는 서약은 다음과 같습니다.

신랑 ○○○, 그대는 여기에 있는 신부 ○○○을/를 그대의 정당한 아내로 맞이하기로 주님 앞에서 또한 여기에 모인 증인들 앞에서 선언하십니까? 그대는 이 사람을 신실하게 사랑하고 지도하며, 보호하고 부양하며, 부부의 도리와 정조를 지키기로 서약하십니까? 또한 이 사람을 결코 버리지 않고, 기쁠 때나 슬플 때나, 살림이 넉넉하거나 가난하거나, 건강하거나 병들거나, 죽음이 그대들을 나누기까지는 언제든지,

거룩한 복음을 따라서 거룩함 가운데서 진실하게 함께 살 것을 서약하십니까?

신부에게는 다음과 같이 서약을 받습니다.

신부 ○○○, 그대는 여기에 있는 신랑 ○○○을/를 그대의 정당한 남편으로 맞이하기로 주님 앞에서 또한 여기에 모인 증인들 앞에서 선언하십니까? 그대는 이 사람을 사랑하고 복종하며 도와주고, 부부의 도리와 정조를 지키기로 서약하십니까? 또한 이 사람을 결코 버리지 않고, 기쁠 때나 슬플 때나, 살림이 넉넉하거나 가난하거나, 건강하거나 병들거나, 죽음이 그대들을 나누기까지는 언제든지, 거룩한 복음을 따라서 거룩함 가운데서 진실하게 함께 살 것을 서약하십니까?

신랑은 신부를 사랑하고 지도하며 보호하고 부양하겠다고 서약합니다. 신부는 신랑을 사랑하고 복종하며 도와주겠다고 서약합니다. 이것이 하나님이 주신 질서입니다.

서약이 끝나면 목사는 부부가 되었다는 것을 '공포'하고 '감사기도'를 합니다. 감사기도를 하기 전에 하는 말이 의미

심장합니다.

> 신랑과 신부 두 분, 우리는 어떤 선한 것도 우리 스스로에게
> 서는 기대할 수 없습니다. 따라서 그대들은 주님 앞에 나아가
> 기도하여야 합니다. 우리도 주님께서 그대들을 능하게 하여
> 서 이 서약을 이루게 하시며 주님의 복이 내리기를 그대들을
> 위하여 그리고 그대들과 함께 기도합니다.

혼인생활에 있어서 기도가 얼마나 중요한지를 밝히고 있
습니다. 주례자는 서약한 것을 지킬 수 있는 힘을 달라고 기
도해야 합니다. 각자가 기도해야 할 뿐만 아니라 부부가 되
었으니 함께 기도해야 합니다. 온 교회도 이 부부를 위하여
기도해야 합니다. 함께 기도해야 합니다. 그래야 서약한 내
용을 지키는 것을 보면서 함께 기뻐할 수 있을 것입니다. 유
아세례 서약문답에서는 마지막 문답에서 자녀를 위해 함께
기도하겠냐고 묻습니다. 혼인서약에서는 기도하겠냐고 묻
지는 않았지만 함께 기도하는 것이 얼마나 중요한지를 밝히
고 있습니다. 그렇습니다. 기도하지 않고서는 혼인의 서약
을 이룰 수 없고 부부로 살아갈 수가 없습니다(고전 7:5).

이혼과 재혼식

신자가 이혼할 수 있습니까? 합법적인 이유로 이혼할 수 있는 경우는 어떤 것일까요? 고신총회(42회, 1992년)에서는 다음과 같이 결의하였습니다.

1. 음행한 연고 없이 이혼할 수 없다(마 19:3-9).
2. 불신자인 배우자가 신앙 유지를 불가능하게 하면서 이혼을 강요할 경우(하나님과 불신 배우자 중 택일하지 않으면 안 될 경우 이혼할 수 있다).
3. 배우자가 이단 사상에 빠져, 가족의 바른 신앙유지에 지장을 주면서 이혼을 요구할 때 이혼할 수 있다. 이단은 사도신경 고백 거부와 삼위일체 하나님을 부인하며, 교단 총회에서 이단으로 규정지은 집단에 한한다.
4. 배우자의 결혼 전의 부정을 이유로 하여 이혼할 수 없다.
5. 불법으로 이혼한 사람 중 교회의 직분을 받아 봉사하는 자가 있다면 반드시 시벌하여야 하며 해벌 후에도 영구히 교회 직원으로 임명할 수 없다.

세상법적으로는 얼마든지 합법적으로 이혼할 수 있습니다. 세상법적으로 합법적으로 이혼했다고 하더라도 위의 경우가 아닌 경우에는 하나님께서는 여전히 두 사람을 부부로 보십니다. 그럴 때는 재혼하는 것은 간음하는 것입니다(막 10:11-12). 이럴 때에는 홀로 살든지, 그렇지 않으면 다시 합해야 합니다(고전 7:10-11). 위의 경우로 인해 합법적으로 이혼하였으면 혼자 살 수도 있지만 재혼할 수도 있습니다. 재혼식은 초혼식과 같이 둘이 하나 되는 것이기 때문에 하나님과 증인들 앞에서 정당하게 혼인예식을 거행해야 합니다. 비밀스럽게 할 이유가 없습니다. 양쪽에 자녀들이 있다고 하더라도 상관이 없습니다.

장례식
온 교회가 유가족과 함께 천국소망을 함께 나눈다

죽음은 누구에게나 찾아옵니다. 그리스도께서는 죽음을 두려워하면서 평생을 죽음에 종 노릇하는 이들을 해방시켜 주시기 위해서 오셨습니다(히 2:15). 그리스도께서는 자신의 죽음을 통하여 죽음을 죽이셨습니다. 신자는 죽음을 두려워할 이유가 없습니다. 신자도 죽지만 그의 죽음은 그리스도께서 이미 죗값을 치루셨기 때문에 전혀 다른 성격의 죽음입니다. 신자의 죽음은 죄의 삯인 사망이 아닙니다. '신자의 죽음은 자기 죗값을 치르는 것이 아니며, 단지 죄짓는 것을 그치고, 영생에 들어가는 것입니다'(하이델베르크 교리문답 42문). 그래서 성경에서는 신자의 죽음을 잠자는 것에 비유하곤 합니다(고전 15:20). 잠들었으면 다시 깨어나니 말입니다. 신자의 죽음은 새로운 생명을 누리는 것입니다.

헬라 사람들은 육체의 죽음을 흔쾌하게 받아들일 수 있었습니다. 영혼은 육체라는 감옥 속에 갇혀 있다가 육체의 죽음과 함께 육체라는 감옥에서 벗어나 불멸에 이른다고 믿었기 때문입니다. 그래서 철학자 소크라테스(Socrates, BC 470?-BC399)는 제자들이 감옥에서 탈출할 길을 찾아주었음에도 불구하고 독약을 마시고 죽었습니다. 자기 영혼이 불멸하기를 꿈꾸면서 말입니다. 예수님은 달랐습니다. 예수님은 죽음을 앞두고 겟세마네 동산에서 제자들을 향해 '내가 고민하여 죽게 되었다'고 하셨습니다. 이것은 예수님의 인간적인 면모를 보여주는 것이 아닙니다. 우리는 결코 이해할 수 없는 고통, 죄 없는 영혼이 겪는 극심한 고통이었습니다. 예수님은 자신의 뜻을 꺾고 하나님이 주시는 진노의 잔을 다 마셔 주셨습니다. 이제 우리는 진노의 잔을 마시지 않고 성찬상에서 기쁨의 잔을 받아 마십니다.

성찬상에서 그리스도를 먹고 마시는 성도는 하늘나라를 소망하면서 죽음을 맞이합니다. 교회는 성도의 죽음을 귀하게 보고 장례식을 치릅니다. 로마가톨릭은 장례미사를 합니다. 처음에 장례미사는 죽어가는 사람이 지은 죄를 고

해성사할 기회가 없기 때문에 급하게 회개하면 그 죄와 죄책을 덮어주는 고해성사의 일종이었습니다. 그랬다가 그 사람이 다시 살아나면 어떻게 되겠습니까? 그러면 그는 남은 삶을 평생 제약받으며 살아가야 했습니다. 이후에 장례미사는 죽은 이와 유가족을 위로하기 위한 예식으로 발전합니다. 유럽의 개혁교회들에서는 장례를 교회의 일로 보지 않고 가족의 일로 보았습니다. 장례예식문도 만들지 않았습니다. 신자가 이미 죽어 하나님 나라로 갔기 때문에, 유가족이 죽은 자의 장례 치르면 된다고 생각했습니다.

신자의 장례식을 유가족에게만 맡겨 두지 말고 교회가 적극적으로 개입하는 것이 좋겠습니다. 장례의 상황이 다양할 수 있습니다. 예를 들어 어린아이가 죽은 경우에는 유아세례를 받았거나 혹 세례를 받지 못했더라도 하나님께서 그를 받아주셨을 것이라고 믿고 그 부모를 위로해야 합니다. 청년의 죽음, 노년의 죽음도 있습니다. 지병으로 오래 고생하다가 죽음을 맞은 경우도 있습니다. 과연 예수님을 제대로 고백했는지 궁금할 수밖에 없는 죽음도 있습니다. 이런 경우에 성경구절을 들어서 그의 구원 유무를 암시하는 말을 함부로 해서는 안 됩니다. 구원하시는 분은 하나님이시기 때문입니다. 장례식에서는 죽은 이에게 집중할 것이 아니라, 우리의 구원의 확실한 근거는 예수 그리스도를 통해서 베푸시는 하나님의 은혜에 있음을 나누어야 할 것입니다.

신자의 죽음을 알려 오면 교회는 즉시로 유가족을 위로할 준비를 해야 합니다. 요즘에는 일반적으로 병원 장례식장에 시신을 안치하기 때문에 그 식장에서 장례식을 진행하면 됩니다. 교회에서 장례위원회가 있으면 교회의 근조기와 함께 교회명이 적힌 화환을 보내는 것이 좋습니다. 요즘은 상조회사에서 영정이라든지 필요한 것들을 많이 도와주기 때문에 장례의 준비에는 큰 어려움이 없습니다. 그래도 교인들이 처음부터 가서 유가족들을 돕는 것이 좋습니다. 유가족들은 슬픔을 어떻게 표현해야 할지 알지 못해서 힘들어 할 것인데, 함께 슬퍼해 주어야 합니다. 한 가지 유념할 것은 장례식장에 믿지 않는 이들도 조문 오는 경우도 많기 때문에 고인의 영정에 절하지 않도록 적어 놓는 것이 필요합니다. 보통의 경우 3일장이나 길면 5일장을 하는데, 주일에 발인을 하지 않도록 조절해야 합니다.

일반적으로 장례식은 입관식, 발인식, 하관식 등으로 이루어져 있습니다. '입관식'은 유가족들이 시신을 마지막으

로 볼 수 있는 시간이기 때문에 사랑하는 이의 얼굴을 이제
는 더 이상 볼 수 없는 슬픔과 고통을 위로하는 예식입니다.
'발인식'은 장례하는 당일에 시신이 장지를 향해서 떠나는
예식입니다. 유럽에서는 고인이 예배하던 예배당으로 시신
을 모셔 와서 발인식을 하는 경우가 종종 있습니다. 이때 고
인의 낯을 마지막으로 뵈는 시간을 가지기도 합니다. '하관
식'은 시신이 묻힐 장지로 이동하여 관을 파 놓은 땅 아래에
내려놓고 거행하는 장례예식입니다. 이때 유가족들이 가장
큰 슬픔을 표현할 것입니다. 마지막 이별의 순간이기 때문
입니다. 이때 목사는 말씀을 인용하여 시신이 흙으로 돌아
감을 밝히고 매장된 이곳이 바로 부활의 장소가 될 것이라
는 소망의 말씀을 전하는 것이 좋습니다. 집례자가 먼저 취
토하고 유가족, 조문객들 순으로 취토하면 됩니다. 요즘은
기독교인의 경우에도 화장(火葬)을 많이 하기 때문에 하관
식이 필요 없습니다. 화장의 경우에는 분골함을 가지고 수
목장을 하거나 납골당에 안치하는데, 마지막으로 유가족을
위로하는 예식을 거행하면 됩니다.

　장례 후의 위로도 중요합니다. 동양문화에서는 삼우제
라는 것을 합니다. 장례 후 삼일 째에 유가족들이 모여서 제

사를 하는데, 우리는 이 삼우제를 이용하여 유가족이 고독 속에 있지 않도록 위로하는 것이 좋겠습니다. 장례식에서는 조문객들이 계속해서 유가족들 곁에 있었기에 잘 모르는데, 모든 조문객과 교인들도 다 떠난 상황에서 유가족은 홀로 남았다는 고독에 깊이 빠집니다. 유대인들의 애도문화를 참고하면 좋겠습니다. 그들은 장례 후 7일 동안 집 밖으로 나가지 않고 모든 거울을 가린 채 낮은 자리에 앉아서 지냅니다. 이 기간 동안에 이웃이 먹을 것을 가져다줍니다. 그다음으로는 한 달 동안의 애도의 기간을 가지는데 4번으로 나누어서 회당에 가서 서서히 회중에게 화합하는 과정을 밟습니다. 그다음에는 1년의 애도 기간을 가지는데, 매일 두 번씩 하나님이 영광받으시기를 기도합니다. 이렇게 해서 소위 말하는 1년의 탈상 과정을 거칩니다. 교회도 홀로 남은 이들의 애도에 동참하면서 그 참혹한 충격과 슬픔을 떨쳐 버리고 회복되어 교회와 삶으로 돌아가도록 잘 도와야 할 것입니다. 교회는 함께 슬퍼하는 것을 잘해야 합니다.

Q. 비혼이 늘어나는 현실을 어떻게 보아야 할까요? 혼인에 대해 교회는 청년들을 어떻게 가르칠 수 있을까요? 교회에서 불신결혼이나 혼전임신에 대해 어떻게 반응합니까?

Q. 혼인의 제정과 의의에 대해 말해 봅시다. 목사가 주례하면서 혼인서약을 하는 것이 왜 중요한지 말해 봅시다.

Q. 교회는 신자의 장례식에 어떻게 관여하고 유가족들을 위로해야 할까요? 교회가 신자의 믿지 않는 이의 부모나 형제들의 장례식에는 어떻게 관여할 수 있을까요?

Q. 교회가 평상시에 죽음에 대해 어떻게 가르치고 있고, 장례식 이후에 유가족들의 애도에 동참하면서 교회생활과 삶으로 복귀하는 것을 어떻게 도울 수 있을지 나누어 봅시다.

나가며

단정하고 질서있게 예식을 진행해야 한다

지금까지 우리는 교회의 각종 예식을 살펴보았습니다. 신자는 '성례식'(세례와 성찬)을 통해 하나님의 은혜를 충분히 누리고 강건해집니다. 직분자의 '임직'을 통해 교회가 하나님의 다스림을 받고 든든하게 세워지는 은혜를 누립니다. 우리는 '교회설립식'을 통해 주께서 주의 교회를 지금도 이 땅에서 계속해서 세워 가시는 것을 확인할 수 있습니다. 우리는 '회원가입식'과 회원으로 가입된 신자의 삶과 관련된 '시벌과 해벌', 그들의 삶을 경축하는 예식들을 통해 주의 백성들의 삶이 얼마나 복된지를 알 수 있습니다. 마지막으로 우리는 혼인식과 장례식을 통해 주께서 자기 백성에게 하나 되게 하시는 은혜와 마지막까지 붙드시는 은혜를 누릴 수 있습니다.

마지막으로 교회예식에 관해 한두 가지를 거론해 보려고 합니다. 종교개혁은 예배와 예식을 단순하면서 질서있고 아름답게 만들었지만, 장로교회는 개체교회 당회에 예배와 예식에 대한 문제를 맡겨 두었기 때문에 예배와 예식이 너무나 차이가 납니다. 예식의 순서와 내용이 너무 즉흥적으로 이루어지는 경우가 많습니다. 로마가톨릭은 어떤 미사를 하든지, 주교나 어떤 사제가 미사를 집례하든지, 그 순서가 동일합니다. 예식사도 동일합니다. 어떤 성당에서, 어떤 사제가 집례하는 미사에 참여해도 동일한 경험을 할 수 있습니다. 다양성이 없다고 느낄지는 모르겠지만 하나 됨을 누릴 수 있습니다. 이것이 바로 예배와 예식의 중요성입니다. 예식이 통일되어 있어야 우리가 하나 된 교회생활, 하나된 신앙생활, 하나된 신앙인격을 형성할 수 있을 것입니다. 가랑비에 옷 젖는다고 예배와 예식이 우리도 모르는 사이에 우리를 형성합니다.

예식 진행에 중요한 역할을 하는 것이 '예전예식서'입니다. 예전예식서는 예배와 예식의 순서와 내용까지 분명하게 알려주는 모범입니다. 예전예식서는 예식의 순서를 포함한 '예식문'을 제시하고, 다양한 상황에 맞는 예식문들을 제안합니다. 예를 들면 서약 질문, 세례 전후나 혼인서약 전후의 기도문, 임직식 등의 공포 문구 등을 구체적으로 알려줍니다. 이 예식문에 하나님의 뜻과 그리스도의 복음, 우리의 믿음과 고백이 분명하게 담깁니다. 예식 인도자는 다양한 상황에 맞는 예식문을 찾아 그대로 읽기만 해도 됩니다. 앵무새처럼 읽는 것이 아니라 그 의미를 분명하게 아는 가운데 각 예식에 드러난 복음과 구원의 정신을 잘 드러내야 합니다. 이런 예식문의 도움을 받으면 예식에 참여한 모든 이들이 각 예식의 제정, 예식의 의미, 예식의 절차를 제대로 알고 은혜를 누릴 수 있습니다.

교회의 각종 예식은 형식적인 의례에 불과한 것이 아닙니다. 교회의 예식은 단정해야 하고 질서가 있어야 합니다. 예식 하나하나에 복음이 담겨야 하고, 그리스도가 나타나야 합니다. 교회예식은 복음과 그리스도를 잘 치장하는 것과 같습니다. 교회예식은 교회의 품위를 보여줍니다. 교회의 모든 예식이 질서있게, 단정하게, 품위있게 진행될 수 있도록 우리 모두 협력해야 하겠습니다. 교회예식들을 통해 신인이신 우리 주 예수 그리스도께서 하신 일이 분명하게 드러납니다. 이 예식들이 신자와 교회의 모든 삶을 아름답게 뒤덮습니다. 모쪼록 교회의 모든 예식이 소박하지만 아름답게, 단정하면서도 풍성하게 진행되기를 바랍니다. 그리하여 하나님이 영광받으시고, 교회가 세워지고, 교인들이 강건해지고, 이 세상에 큰 위로가 전달되기를 바랍니다.

참고문헌

고신총회 헌법개정위원회, 『헌법』, 총회출판국, 2011.

고신총회 헌법해설수정위원회, 『헌법해설』, 총회출판국, 2018(개정판).

고신총회 헌법해설집발간위원회, 『예전예식서』, 총회출판국, 2015.

김헌수, 『영원한 언약: 유아세례 예식문 해설』, 성약, 2014.

카렐 데던스, 『세례반에서 성찬상으로: 공적 신앙고백 예식문 해설』, 성
약, 2014.

로렌스 H. 스투키, 『하늘이 주신 선물, 세례』, 예배와 설교 아카데미,
2013.

키이스 A. 매티슨, 『성찬의 신비: 칼뱅의 성찬론 회복』, 개혁주의 학술
원, 2015.

Don Gregory Dix, 『The Shape of the Liturgy』, Harper & Row, 1945.